世局機杼

（上）一把秘匙

不可问／著

中国经济出版社
CHINA ECONOMIC PUBLISHING HOUSE
·北 京·

图书在版编目（CIP）数据

世局机杼．上，一把秘匙／不可问著．
北京：中国经济出版社，2018．3
ISBN 978－7－5136－4977－3

Ⅰ．①世… Ⅱ．①不… Ⅲ．①中华文化—研究 Ⅳ．①K203

中国版本图书馆 CIP 数据核字（2017）第 272723 号

责任编辑　王　蕾
责任印制　马小宾
封面设计　任燕飞设计室

出版发行　中国经济出版社
印 刷 者　北京富泰印刷有限责任公司
经 销 者　各地新华书店
开　　本　710mm×1000mm　1/16
印　　张　15．25
字　　数　203 千字
版　　次　2018 年 3 月第 1 版
印　　次　2018 年 3 月第 1 次
定　　价　88．00 元
广告经营许可证　京西工商广字第 8179 号

中国经济出版社 **网址** www．economyph．com **社址** 北京市西城区百万庄北街 3 号 **邮编** 100037
本版图书如存在印装质量问题，请与本社发行中心联系调换（联系电话：010－68330607）

目录

Contents

上卷

世局机杼

（上）

一把秘匙

01

同欲则上

一天的晨是从天籁的萌动开始的，纳兰君的萌动是从华仔和雀儿的合音醒过来的。每天早上七点，华仔措着软绵、敦厚的蹄“叭嗒、叭嗒”来回敲打着地上水晶面的瓷，之后斜卧床侧，用一鼓一鼓的胸，摩擦出轻音的律儿。雀儿“扑楞、扑楞楞”抖嗦完柔俏的翅，扭动几下脖颈，伸出一只爪，抿抿恁巧的嘴，开始“吱吱唧唧呖呖啁啁啾啾嘤嘤喈喈”发着她能发出的鸣儿。华仔侧着耳，眯着眼，也是醉了。

这些丝丝入耳，是纳兰君平日早起的铃。

然而今天是周末，对多数上班族来说，周末的床是任由时光流淌的河，以伸展出的最舒适的姿态浸在河里，让浅梦挥霍掉此刻的光阴，是偶尔而难得的奢侈和享受啊。所以多数的人，会提前掩了周末的铃，疏忽了的，也会在铃响的弥漫中，用手指或手背摸索着阉了铃的根儿，让屋里只余下留恋床的味道。

纳言君周末也是要早起的。

闭着眼活动活动手和脚的关节，曲身子成趴伏的蛤蟆，吐几口深的气，醒了腰椎和肩膀。起床，洗漱，兑一杯冷热相间的阴阳水，立身数口下肚，走胃而直落小肠。推门，携华仔和雀儿下了楼。

周末早起的人稀，空气中自然的味道浓郁，人的味道轻淡，扩扩胸，屈蹲几次，深吸几下，润润肺，不辜负了自然之味的金贵。一路上，遇着不同的邻居，打着不同的招呼，纳兰君脚步或缓，或急，或驻足，或徘徊，随意而无形。华仔没有脖项，是自由身，时而前，时而后，参差着主人的距离，又较少去嗅树根、电线杆或车轱辘上别人留下的味儿，也吝啬着自己的。

顺着犬的眼，瞧不出，谁在溜达着谁。

说起华仔，不得不提起好玩哥。好玩哥大名张涛，比纳兰君长两岁，留级后是纳兰君的同桌和玩伴。张涛喜好玩弄活物，自小养着鱼虫鸟兽，又爱倒腾，从南到北倒腾东倒腾西，年纪轻轻就攒下了厚实的家底。自此，直把玩字大写成了人生，扒拉着琴，提拉着狗，呼哧着房车满世界走。纳兰君趣在修学好古，博古以通今，从人文中啧出理儿，是纳兰君品尝入世的一种回味和享受。平日里张涛遇着了稀罕事，吧嗒吧嗒着好玩儿，来找纳兰君说道。纳兰君常常只言片语，却在轻描淡写中扫了张涛的惑，好似初春的绵雨，无声中润了万物。

张涛之所以被唤作好玩哥和他的性情没有直接的关联，倒是因了他的口头禅。比如，张涛凑着纳兰君："前日去古北口玩，碰着一特好玩的事儿，一只三条腿的狗，走路稳当，扔它半拉儿鸡腿，四条腿的狗来抢，这丫撒腿跑，四条腿的愣追不上，嘻嘻嘻，好玩吧？"没等纳兰君开口，自己就应了话："真好玩。"纳兰君接口："嗯，好玩，这丫从没当自己是三条腿的狗。"

张涛："昨儿个在草丛里瞧见俩螳螂，特好玩，一个没了脑袋，屁股插在另一个的屁股里交配，还一拱一拱的，嘻嘻嘻，好玩不好玩？"纳兰君侧目："好玩，脑袋不打紧，早晚要掉的，紧要的是把繁衍生息的活给仔细了，否则家族就殁了。”张涛默然，点头：“你说的是那个理儿，嗯，好玩。”

有一段时间，好玩哥许久没露面，之后开了房车来，春光满面，眼露喜色，嚷嚷：“纳兰君，快出来，看一神物!”

纳兰君出门，艳了眼。

一只雪白的萨摩耶，抖抖身子，站在那儿。纳兰君不是没有见过萨摩耶，而这只，却颠覆了纳兰君对狗与犬的认知。如同你不是没见过美女，但真正的美女站在你面前，会即刻化了你的心。好玩哥得意：“这是塔娜，哥们去西伯利亚玩儿，拿金表换的，好玩吧?”

“正宗萨摩耶之王的女儿，高贵!”

“出境的时候，藏在我房车的黑水箱里，瞒天过了海，好玩吧。”

纳兰君只喃喃了一句：“把她的儿子给我吧。”之后，纳兰君就有了华仔。

从左安门往东，有条偏僻的街巷叫左安路，街面窄。临街一侧是简陋的平房，有高有矮，宽窄不一，城里人出租给了乡下人从事各种营生的。卖菜的、操持活禽生肉的、磨弄早点小吃的、收拾老旧家电的、经营五金杂货的、摆水果干货的、理发美容按摩的，相互挤着，为了生计，简易着门脸，局促着内外，从西边的饮马井挤到东头的十里河。弄早点小吃的有四五家，今天你开业明日他关张，几度春秋，剩下老赵家的包子铺，老杨家的油条摊，老陈家的豆腐脑和老李家的羊肉汤。

老赵是南阳栖霞人，夫妇俩几十年把功夫全下在了包子上，面和得筋脆，馅调得平稳，出笼的火候恰得方寸。猪肉大葱、猪肉豆角、猪肉茴香，荤馅儿的二块钱一个，个大实在，敞开供。白菜粉条、鸡蛋韭菜，素馅儿的一块钱一个，口味纯正，是压轴的手艺，常欠着。搭配着的有小米粥、黑米粥、豆浆和咸菜，粥熬得酥软，不兑水充量，常结余。有欠有余，透着经营小本生意的智慧。三年前老赵的儿子来京当兵服役，老赵夫妇携女儿小芹就挤在了这条街上。

身上有门手艺，实在中含着巧儿，到哪儿都能扎根。

弄早点的是一条街上醒得最早的人，所以有资格让摊位占了门脸外的街面。纳兰君是老赵包子铺的常客，互相攀过老乡，每次来，都是老赵的媳妇以浓浓的河南腔招呼。

“来了老乡，坐，坐。”

“咋弄哩，老三样？包子两份？”

纳兰君微微笑着点点头，找地儿坐下，华仔静静候在一旁。

老赵媳妇顺势递来一枚茶蛋，荤素两搭四个包子，用眼神支配着女儿小芹去盛碗酥软的黑米粥。小芹估摸十二三岁的样子，应该是小学后辍学，不情愿中担了家里的一丝生计。老赵夫妇生理上的精华似乎都传给了女儿，小芹身子柔顺，皮肤白皙，眉目清澈婉转，标准一个美人坯子，时常嫉妒了城里人的父母。平日里小芹低眉顺目，没有半丝言语，不用父母吩咐，自会张罗些力及的活儿。除此，则杵在一旁呆望天边的云，似乎自身与周边再无半点关系。今日小芹脸带愠色，舀粥放碗的动作稍有点儿硬，想必是因了事同父母扭了筋。

华仔不叼地上的食儿。

纳兰君把两个荤馅的包子掰成小块，轻轻一丢，华仔头一侧，吞了去。纳兰君不吃咸菜，用茶蛋就了粥，和着素馅的包子吃。韭菜鸡蛋馅的包子剩下五分之一，捻一捻，空中一抛，丢在包子铺的房顶，一棵老槐树的枝儿攀在那儿，是雀吃食的地儿，主人不说，外人不明就里。

晨的余曦逐渐远去，来吃早点的人开始络绎不绝。有打包带走的，有落桌就餐的，眼神都给了纳兰君身旁的华仔，啧啧称奇，回光都给了孤影的小芹，意味深长。

十里河桥到分钟寺桥东侧的辅路不长，周边的人叫小街，周末的上午这里是文玩旧件、花鸟鱼虫的早市，书画古币、金银玉器、佛珠核桃、画眉蛐蛐，应有尽有，鱼龙混杂，热闹得很。左安路和小街首尾相连，却是两个不同的世界。左安路是乡下人的，乡下人挤在这里不得闲，忙着自己糊口的营生。小街是城里人的，城里人闲在这里随意买卖，以口袋里的一点闲钱，讨一份面上的雅致。小街上没有主角儿，谁的物件稀罕，谁就是角儿。纳兰君吃过早点，携华仔步到小街，华仔就成了角儿，艳了众人的眼。纳兰君已是司空见惯，罔顾了大家惊羡的神情，瞅见摊位上有对核桃精致，蹲下来准备瞧个仔细。

这时，兜里的手机响了，是“渔樵问答”的曲子。纳兰君以不同的曲子代表不同类的人，以免接烦扰的电话。渔樵代表微信圈里的人，纳兰君滑手机。

“喂，喂，是纳兰君嘛，我是前楼的老郭啊。”老郭叔叔辈的年纪，孑身一人多年，养着一只女性的贵宾犬，相依为伴，是纳兰君饲狗微信圈里的人。

“纳兰君，有个事想给你说道说道，又不知该不该张口，不说吧心里又过不去……”

“郭老师啊，咱们街坊邻居，又不是外人，有事儿您直说，千万别客气!”

“是这样，前一段你们家华仔把我们家小花给欺负了，欺负了就欺负了也没什么大不了的，可现在我们家小花怀上了，饭量比以前增加了许多，你知道现在狗粮不便宜……要不这样，我发段视频你先看看再说?”

话说着，微信就来了。

纳兰君打开视频，是华仔的身段，低头嗅小花的屁股，左右着欲逑小花。小花扭捏躲闪着，十分不情愿，可华仔最后还是上了。视频有一段时间了，事实清楚，证据确凿。本来上了也就上了，狗的事也不是什么事，可现在小花怀上了，本来没什么事现在成了事。纳兰君心里明白，狗的事其实就是人的事，人的事其实就是礼的事。小花不愿意，华仔起性了，上了。老郭有证据，一直也没就此来说道说道，通着情呢。小花怀上了，经济上有了额外的负担，老郭以此来说道说道，达着理呢。通情而达理，理上不能缺，缺了，拿礼出来，圆上了，情还通着呢。街坊和睦、邻里相亲，机杼在于礼字。

对于老郭的礼，纳兰君亦然有了谱儿。但如何打理华仔，心里尚踌躇。纳兰君没了逛的兴致，仰天憋个口哨出来，告诉雀儿回了，开始往回溜达。华仔依然优雅着，在行人的惊羡中，合着纳兰君的步子。

对于华仔的惩戒无论如何也是绕不过了。但此事纳兰君无意让止若知晓，或者至少目前不宜让她知晓。

纳兰君前天和慕容止若相识十五周年纪念，止若微醺中，填了首小诗。

“酥手添醅酒，炉火映颊红。雪来日暮迟，问君尚饮否?”

纳兰君醉了一宿。昨日止若携朋友去了京郊的农庄，留了宿，计划今日稍晚点儿回。

一直以来，华仔帅气、幽雅，孩子般的纯洁，是纳兰君和止若的可爱和骄傲。然而好孩子也会有熊样的时候，华仔也会有显露狗的本性的时候。常言道：养不教，父之过。熊孩子不惩戒，祸起在萧墙，殃及在池鱼。对华仔的惩戒，纳兰君有一套完整的程序：禁食、禁足、交心。禁食、禁足是惩，惩必果之。交流谈心是导，导引以戒。阳台的地面是华仔的窝，其上是雀儿的巢。回到家，纳兰君先给华仔上了颈链，拴在墙壁突起的柱上，之后关上了篱笆门。华仔眼中开始呈现慌乱之色，雀儿也瞧出不妥之意，立在架子上不再吱声。纳兰君把视频倒腾到平板电脑上，放给华仔看，不再搭理华仔。午间，纳兰君拿出黄灿灿的小米给雀儿吃，雀儿乖巧，吃得安静。午后，纳兰君带雀儿外出溜达，没瞅华仔一眼。华仔趴在地上，让身体蜷缩成圈儿，尽可能占着较少的地面，头拢着雪白的背，露一只眼闪着乞怜的光。

度人溢德，上德无为而无以为。纳兰君看来，度狗易，度人难，狗通人性，人却常怀颗狗的心。

纳兰君蹲在华仔身边，手梳着华仔的背，开始和华仔说话。“华仔啊，你知道为啥要禁你食、禁你足吗？视频你也看过了，想必你也知道缘由了吧？”

“已所不欲勿施于人啊。你喜欢人家小花，可你所欲不是她所欲啊……还当着人家主人的面儿……现在小花怀上了，人家找上门来了，你说该不该罚你啊？”

“以后再碰到这样的事儿，学学人家司马相如嘛。”

“看人家司马相如，喜欢了人家卓文君，弹一曲《凤求凰》，有一美人兮见之不忘，一日不见兮思之如狂，凤飞翱翔兮四海求凰。多好啊，人家卓文君当晚就跟着跑了。”

“以后记住了啊，要学学人家司马相如，哼个小曲呀唱个小段呀，琴瑟友之嘛，钟鼓乐之嘛，然后同欲了嘛……同欲则上，礼出之始，事成之本啊。”

华仔的眼角流下颗硕大的泪，泪中映出纳兰君的影，影子模糊，瞧不太清，似乎一条诵经的犬。

华仔心想，主人真是高人啊，隔壁老王家的松狮听说要回乡下了，这个黄毛小妞儿小有姿色，老王看得紧，一直没能给述了，这次要试试主人的招，想个法偷摸给“同欲”了，临行前再给她哼首小诗：“轻轻地你走了，正如你悄悄地来，你甩一甩你的尾，没带走一丝儿我的骚味”，岂不美哉。

华仔眼角的那颗泪未涸，地上已淌了一滩哈喇子。

02

走为上

每年的春节，炮仗和烟花自然是不能少的。

人们最易从炮仗的点和响中，溯洄童年的顽皮和欢乐，而烟花燃起的种种幻象，则合了每个人心中久润的梦。

雀儿却是历来厌了这一切。

纳兰君知道，雀儿是惧了炮仗的声响，惊悚于烟花的璀璨。世界大而无外、小而无内，万物毕异而毕同，在你我的眼中却又如此异样，只是你我管中窥豹，居一隅，窥一刻，时见一斑。

狗眼看人低，雀眼瞧人呢？

方庄东路位于二环和三环之间，是条南北向的辅路，路东是白墙子村。如此繁华的京城，如此中心的位置，竟含着如此凌乱不堪的村落，这个城市迷人眼啊。纳兰君记忆中，这里一直就有这么个集贸市场，形状像一把斧子，绵延半里，最后一头劈进了村子。卖鲜活鸡鸭、生肉熟食、河鲜海货、蔬菜水果、箱包鞋帽、被褥服装的，相互阡陌着堆在斧子的柄上。斧子头镶进了村，豁然开朗中变成了各种玩意儿的天地。投掷套圈的，拉洋片儿的，捏糖人的，卖鼠药的，卖热梨汁、臭豆腐、羊肉串的，都是这儿的常客，常客不要猫腻，货真价也实。卖鼠药的是村里的张老头，六十有余，穿件瞅不出底色、数不清兜儿的帆布马甲，脚下铺一张破旧的布单，上面摆着几只干瘪的鼠皮，堆着旧报纸包好的鼠药，边上捎带着的是粘合剂、脚气灵之类的物件。张老头会吆喝，吆喝起来不看人，声音洪亮，韵律象小曲：

老鼠精，老鼠能，老鼠的儿子会打洞，

东屋里跑，西屋里跳，啃完粮食啃棉袄。

老鼠药，不值钱，一包只卖三块钱，

三块钱，不算多，药死老鼠一大窝，

赶完集，上完店，记着给老鼠捎顿饭，

不用掺，不用拌，老鼠一吃就完蛋。

耍套圈的，拉洋片儿的，卖热梨汁、臭豆腐、羊肉串的也吆喝，偶而扯一嗓子，不成调儿，高声的还留个音儿，声小的直接没在了鼎沸的喧闹中。

始终不吱声的，是摊着红漆货郎箱捏糖人的小李，几代人的手艺传到了他手里，一根竹签在熬好的棕褐色糖稀里搅出一团儿，经手揉捏，已是薄如蝉翼，尾巴呈管状，嘴一吹，鼓出形，顺势而为，即成十二生肖，或红脸关公、或悟空搭凉、或八戒背妇，栩栩如生，惟妙惟肖。纳兰君喜欢听张老头的吆喝，更爱看小李的手艺。吆喝能成文章，跌宕起伏，委婉流畅，言语已尽，买卖随了自然。手艺能出彩儿，吹捏腾挪，无中生有，以混沌化神奇，宜物宜景，全在一思一念。

也有偶尔的过客，吴桥耍杂的，新野戏猴的，今来今走，来去匆匆，

遇着了是缘分，错过了失一份眼福。数年前，已是在腊月，斧子柄因办年货日益热闹拥挤起来，斧子头因近年关渐渐少了人气。好像是一个周末的晌午，寒风习习，槐柳萧萧，市场上的人已散了形，一组鹦鹉禽戏表演的却又引人聚拢了来。这是爷孙仨人，主事的老者目神而明，风骨隐秀，搭手的两个小女眉清目秀，伶俐可人。纳兰君信步而来时，演出正酣，鹦鹉的叽喳啁啾和孩子们的嬉笑逗闹交织着，弥漫在空中，暖了这一刻的寒意。印象中，纳兰君在这里是第一次看到这样的演出，白羽凤冠的葵花鹦鹉推小车过障碍，绿身蓝颊的亚历山大鹦鹉叼小球投篮筐，灰体红尾的非洲鹦鹉走钢丝玩吊床，还有蜡嘴雀开小箱拉纸牌，鸟儿和小女亲密而信任，节目错落有致，温情风趣。

老者衔一嘴烟袋，逸然一旁，吐一口精致的圈儿，烟气扩去，清淡了众人的喝彩。

最后的压轴戏，是两小女各引了双黄头亚马逊鹦鹉出来，鸟儿体态优美，跃跃欲试。小女嘱咐看客可抻出随身的零散纸币，一元的不少，五元的不多，可有可无，多少随意，鸟儿自会飞去衔了来，算作辛苦的报酬。孩子们雀跃，纷纷举起手中的纸币，一元的晃耍，五元的高举，期待着鸟儿的亲近。纳兰君掏掏兜儿，没带小额的纸币，遂举了张五十元的绿钞。

零钱衔走，众人散去，老者和小女开始收拾行装。纳兰君上前搭讪：“老伯好，从没见过如此精致的表演，真是难得！真是难得！”

老者回礼：“小哥客气，以己之慷，成人之美，多谢！多谢！”纳兰君想起五十元钞票之事，心中暗觉惭愧，于是提议留客宴请，以稍尽地主之谊，老者执意不肯。

无奈中，纳兰君说出搭讪的缘由：“老伯，我喜极了那双黄头的鹦鹉，能否买您一只，多少钱您定，我只是喜欢。”

老者再次上下打量纳兰君，咪眼一笑：“刚巧有几只小雏，也是缘分，送你一只吧。”话间拿出一个小笼，放一只小雏进去。“钱就免了，情义走天下，钱财两不分嘛。”

纳兰君连声致谢，言语中再表留客之意。

老者明目闪烁，盯着纳兰君，说：“小哥诚意心领了，所谓去若有缘缘自来，留若无意意自去，看小哥剑眉皓目，造德精微，日后必有一番造化，今送小哥一首小诗‘走为上’，切望珍之。”吟毕，仰天长啸，兹此远去。

纳兰君伫立半晌，回味着小诗的味道：“跬步行千里，目览万卷书。觅得走为上，方可悟机杼。”一时不能感同身受，却给小雏起了名：雀儿。

那一年的春节，烟花炮竹似乎格外脆亮，雀儿在一声接一声的惊扰中慢慢熟悉了新家。或许是雀儿幼小体弱，或许是纳兰君起初不会照料，雀儿不意中得了风寒，身子抖嗦，饮食难进，几近奄奄一息。

纳兰君和慕容止若寝食难安，翻阅了无数书籍，查因追源，意图对症下药。白天纳兰君把白菜根切碎了兑小米冰糖熬成汤，一小勺一小勺喂给雀儿喝，晚上纳兰君把雀儿放在胸口暖着，整夜不翻身。有心不负费功夫，雀儿逐渐缓了过来。一次止若给雀儿喂食，量稍大了点儿，呛着了，纳兰君抢白了几句，红着眼珠，接了止若的手。平日里，纳兰君很少对止若这样。一颗泪从雀儿右眼角浸出，血一样红，凝在那儿再没有褪去，平添了一分姿色。

在纳兰君和止若的精心养育下，雀儿出落得灵巧而美丽，也日益活泼起来。

华仔的窝在阳台，家里的整个地面是华仔的，篱笆门不关，华仔可以随意溜达。雀儿的窝也在阳台，整个家是雀儿的，雀儿想飞哪飞哪，想落哪落哪。平日里，华仔的身姿衬着雀儿的掠影，偶尔低沉的吠声和着时时高音的雀鸣，犬友雀亲，邻里和睦。然而时不时也有掐起来的时候，华仔冲雀儿狂吠，样子凶，雀儿不惧，空中周旋着，不依不饶，去戳华仔的鼻。华仔恼怒，可除了虚张声势，却也无可奈何。纳兰君遇到这样的场景，自会取了雀食狗粮，安抚了双方。岁月流逝，掐起来的时候越来越少，华仔和雀儿成了家人。

纳兰君携华仔和雀儿外出，地上前后着距离的是华仔，空中左右着上下的是雀儿，三人行，其神祥和。邻居往往只惊叹了华仔的身段，却无视了雀儿的存在，其实也不是无视，而是不知。然而有一物一直在惦着雀儿，那就是小区里的野猫——虞晞。

虞晞是止若给取的名。虞晞发情时的叫声，似乎是饿极时的女婴歇斯底里的啼喘，甚是瘆人。虞晞长得却分外招人，黄白相间的毛色，缎子般闪着光泽，蜷身卧在花园石凳上假寐时，慵懒的神情只有画里方能呈出，让人忍不住想去抱抱。虞晞却从不亲近人，警惕着周边的一切，发觉任何近身的企图，会“嗖”一下溜走，中途伫立，对峙着你的眼，再甩尾远去。

止若常以家里的残鱼剩腥喂养，虞晞受着止若馈食的美意，也一直拒着止若亲昵的企图。虞晞也从不与华仔照面，每次华仔出现，虞晞会立刻藏了身段。虞晞却一直惦着雀儿，躲在一角，以贪婪的眼神，追随着这只不知深浅的雏儿，时刻欲灭了果腹。

华仔的禁足，给了虞晞机会。

华仔禁足的第二天，阳光妩媚，春和景明。纳兰君携雀儿散步回来，肆意地斜在花园的靠椅上，伸平了腿，享受着阳光的温暖。恍惚中，纳兰君被雀儿急促的叽喳声惊起，不远处，虞晞在扑着雀儿。雀儿飞身立于枝梢，却未逃离，调了身姿，一个俯冲，欲啄猫眼。虞晞舞爪拍打，雀儿腾身升空，虞晞跃起，前爪划了雀儿的翅，雀儿欲坠。纳兰君大喝一声，拿石块丢虞晞，虞晞闪身逃走，纳兰君伸手接了雀儿，雀儿翅尖受了轻伤，渗出一丝血迹。

回到家，纳兰君撒白药轻敷雀儿的伤口，雀儿眼光倔强，纳兰君却心疼得润了眼眶。

一连数日雀儿安静养伤，止若把雀儿最喜爱的花生瓜子打碎了，混着小米，喂给雀儿吃。纳兰君外出，虞晞开始躲着走。纳兰君合计着等雀儿伤好，带雀儿去郊外的农庄小住几日，散散心，顺便也看看小妖。

雀儿恢复得很快，只是倔强的眼神慢慢变得迷茫，纳兰君决定和雀儿谈谈心。

“雀儿越长越漂亮了，是大姑娘了。”

“过几日带雀儿去农庄玩几天好不好？呼吸呼吸新鲜空气，尝尝田里的野味，看看小妖姑姑好不好？”雀儿轻扭脖项，回应着纳兰君。

“雀儿啊，俗话说林子密了什么鸟都飞，田地阔了什么兽都藏，村子大了什么人都有……人心隔肚皮，兽性隐人心啊。你鸣之以乐，想示之以好，人家想要的不仅是乐，还惦着你美丽的羽你美味的肉啊！那怎么办呢？走千里路，阅万卷书，见多识广，遇堑长智，害人之心不可有，防人之心不可无，走为上嘛。”雀儿扇动扇动伤愈的翅膀，眼睛开始明亮起来。

“俗话说山外有山山不绝，天际连天天无涯……那怎么办呢？走为上嘛，行人之不能行，才能识人之不能识啊！”雀儿眼光闪烁，若流神采。

“俗话说强中自有强中手，高人丛中出高人……那怎么办呢？走为上嘛，忍人之不能忍，才能成人之不能成啊！”

雀儿的眼角流下颗硕大的泪，泪中映出纳兰君的影。影子模糊，瞧不太清，似乎一只诵经的雀儿。

雀儿心想，主人真是高人啊，虞晞好像怀孕了，等她下了小仔，我岂不就是小仔们的天外天？瞅机会戳小仔几根嫩毛，虞晞对我岂不也要走为上？

雀儿的泪未落，眼角的笑已荡出了波。

03

小妖祭蛇

京郊的农庄是十多年前二舅从上苇村盘下的，远离了村落，溶在京津冀交错的万亩湿地，隐于一片苗圃之中。二舅花了数年心血，以弧虚相支之法，对农庄伤筋动骨改造了一番，做了避世的桃源。

农庄坐北朝南，青砖砌围，墙顶隆起遮檐，波浪起形，墙体刷白勾青，北方的建筑格局，江南的庭院味道。正门在东南，蔽于两株叶茂枝繁国槐绿荫之下，遁甲寅在六癸，寓乙奇为杜门，进门去，豁然开朗，满目桃林，黄桃、白桃、毛桃、油桃、蟠桃，奇曲委婉着各样的枝儿，潜心斗艳着各色的果儿。林中，镶一诺大池塘，千层石溜的边，睡莲铺了底。此刻，正是一塘碧波皱水，半池莲花映影。

过池塘，一处平顶青砖两层小楼，数丛楠竹，密密遮了东侧半楼的荫凉，二株海棠，匿着无数稚果，分植西侧。一溜儿婀娜垂柳，有意无意间，将小楼和池塘隔成了两个世界，一个窗镜明亮黑暗中自透慧光，一个水光粼粼悄无声映下月影。

纳兰君和止若车到楼前，尚未停稳，华仔和雀儿早已争相跃出。

看管园子的老冯夫妇憨憨乐着，一早迎在这里。纳兰君和止若下车，打着招呼，掂出备好的烟酒饮品和水果，老冯夫妇赶紧接了手，却未见小妖的身影。

“小妖呢？每次来，她恨不得要接到门口去。”纳兰君问。

老冯躲着纳兰君的眼，轻声说：“小妖出去买东西了，估摸一会儿就回来了。”纳兰君瞧出端倪，没再吱声，合计着舟车劳顿，先安排止若休息，然后再找老冯问个究竟。

小楼二层西侧，是纳兰君和止若独享的房间，旁边隔着的，就是小妖的卧室。纳兰君推门进去，房内洁如往日，靠窗的桌上插着长短不一未名的花儿，中间立着一幅木质的相框，是小妖七岁时的青涩照。纳兰君望着小妖怯怯的影，一丝温情回荡，恍惚昨日就在眼前。

十多年前，纳兰君和止若婚后外出旅行，开车一路南下，柔情放飞于行路，蜜意流连于街景。行至长沙，原本只计划了一天，然而纳兰君想去马王堆汉墓，止若则想逛岳麓书院，左右难舍中，多呆了一天，好左右兼顾。

马王堆，西汉长沙国丞相利苍与家人的墓葬，1972 年偶然得以挖掘，呈现出一帧让人心醉无语的凝固的历史。利苍的墓里，竟然奇迹般完好保藏了几十册帛书，让今天的我们，终有机会得以窥视先人的智慧。我们应该牢牢记住利苍这个名字啊，因为数千年来，历史开启这样不可思议的天窗，也仅有寥寥数次！

西汉时，藩王刘余拆孔子旧宅扩建宫室，墙壁中发现《尚书》《论语》《礼记》等多册儒家古本，先秦六国文字，由此校正了儒学典籍世传之谬，此谓“孔壁得书”。西晋时，一个叫不准的汲郡人，偷盗魏襄王陵墓，得竹书数十车，记载了夏、商、周、春秋战国相关史事，校正了《史记》所载之误，此乃“汲冢竹书”，只是现今原简早已不传，古本《竹书纪年》也已佚失。晚清时，敦煌莫高窟发现一批 14 世纪前的古写本和印本，约 5

万卷，主传佛法经典，后多数被外强所掳，国图现藏万余件，乃国宝“敦煌遗书”。而马王堆呈现的帛书，有《周易》《老子》《战国纵横家书》《刑德》《五十二病方》等28件，囊括了春秋至西汉哲学、政论、兵法、医术及科学等诸多方面的智慧认知，除《周易》《老子》有今本传世外，皆为古佚书。《周易》、《老子》与今本也有较大差异，是可供校勘的最早依据。在纳兰君看来，参观马王堆汉墓，必当沐浴更衣，斋戒清心，以朝觐的诚意，去礼拜那个叫利苍的人，以感知华夏思想最灿烂时期的无边智慧。

从马王堆出来，天色已暗，星光若隐若现，点缀苍穹，凉风如泉，清澈了心田。止若笑问纳兰君感受如何，能否一句话说道说道，纳兰君沉思良久，只说了半句话：“不可同日而语。”

岳麓书院，藏于湘江西岸岳麓山，脊峰景色优美，谷岭气象万千。书院起于北宋年间，繁荣于朱熹和王阳明讲学之时，历经千年，弦歌不绝。步出书院大门，纳兰君也一样笑问止若：“怎么样，感受如何，用一句话说道说道？”止若脱口而出：“训诂笺注，六经周易尤专，探羲文周孔之精，汉宋诸儒齐退听；节义文章，终身以道为准，继濂洛关闽而起，元明两代一先生。”这是清末的郭嵩焘写明末王船山的句子啊，纳兰君大为惊叹，止若抿嘴笑：“这是书院御书楼上的楹联呀，你没注意到嘛。”两人说笑着，向停车的位置走去，却在书院大门不远的开阔处，发现一丛杂耍卖艺之人。

一中年男子光着脊梁，筋腱着肌肉，卖弄着让人瞠目的、判断不出真假的功夫，或手指旋钻透砖，捏瓷成粉，或双臂弯铁，掌断铁链，众人将信将疑中哄而叫好。男子表演完毕，又牵出四个娃娃，大点儿的十多岁，小点儿的七八岁。大个儿的女娃翻筋斗，连着翻，翻不动为止。稍壮的男娃表演大臂脱臼，再由男子接上，其中的苦痛终于使娃没能忍住眶中的泪。小点儿的男娃瘘了身子钻小筒，筒太小，挤出来的时候勾掉了鞋，被男子扯了耳朵。最小的女娃衣袖褴褛，脏脏的容颜掩着清秀，跪在地上，努力把脖子180度旋转过来，拧到后背睁着双眼笑，让人感觉说不出的怪异和心疼。临近结束，娃娃们溜成一排向大家鞠躬，小女孩端着小笸箩近前乞费，几片零钞飘下，众人各走各路。止若放进笸箩二百元钱，小女孩抬头看止若，表情诧异，目光深幽。止若上前同中年男子搭话：“这位大哥，这些孩子岁数这么小，这么表演也太可怜了，应该让她们去上学啊！”男子眼角眯起一丝不悦，没有接腔，吆喝着娃娃们收拾东西。纳兰君拽过止若的手，拉止若往回走，止若眼圈泛红，千年书院的门口，竟有如此境遇，两人心中惆怅，一路无语。

从长沙到韶山，从韶山到张家界，从张家界到凤凰，纳兰君和止若一路游玩了十余天。凤凰是此行的最后一站，纳兰君和止若在这里呆了整整三天。

走青石板的街道，住临江的吊角楼，尝湘西的土菜，蹚沱江的水，逛贤人的故居，看苗族的姑娘，凤凰城内倒影有两人，心动在一处。然而纳兰君和止若最想去看的，是陈渠珍的旧居和西原的墓，竟双双不能如愿。据说，西门坡上古风遗韵的数十间陈氏老屋，五十年代即被拆毁，而西原小小的墓冢，文革时已被铲平。离开凤凰的上午，止若依着小楼阳台的藤椅，听闻江水细语，再读陈渠珍的《艽野尘梦》。当读到即出艽野高原，陈渠珍与西原几陷绝境，命悬一线，两人订下三世盟约：六道轮回中，愿永为夫妻，止若已是泪流满面，不能自已。再至“入室，觉伊不见。室冷帏空，天胡不吊，厄我至此。又不禁仰天长号，泪尽声嘶也。余述至此，肝肠寸断矣。余书亦从此辍笔矣”，止若更是哽咽不止，只觉楼下潺潺江水，诉说的哪还有半点边城的影子，分明是西原凄美的爱情！

该走了，似乎还应该再做点什么，止若提笔写了一首小诗——《尘梦》：“西原出艽野，渠珍泪涟衫。何日见轮回，六世了尘缘。”焚了一切，没入水中，权作祭拜了西原的青冢！

该走了，该走了，纳兰君和止若收拾好一切，步向不远的停车场。

然而在街巷的拐角处，竟再遇了那丛耍杂弄艺之人，经打听，原来他们也来此三日了。止若细细望去，却没有发现那个最小的女孩，心中一丝惆怅，若有所失。

回程的路似乎永远比前行顺畅，不到半日，高速已跑出数百公里，纳兰君驶进服务区稍作休息，车刚停稳，止若听得后备厢声响，打开一看，竟是那个最小的女孩！止若又惊又喜，忙把她拉出来到水池边洗手洗脸，脏垢退去，分明一清爽小丽人儿。

吃饭时纳兰君问："几岁了？"

"七岁。"

"叫什么名字？"

"小四儿，我最小，叫小四儿。"

"你的父母呢？"

"不知道，师父带我们呢。"

"把你送回去好不好？找你师父去。"

"我不，师父会打我！"

止若抬眼乞望纳兰君，纳兰君考虑到即使再回凤凰，也未必能找到那些卖艺之人，于是默默点头。止若喜笑颜开，说："纳兰君，给小四取个名吧，小四不好听，也不像女孩儿的名。"纳兰君看着女娃说："这丫头精灵古怪，就叫小妖吧。"

"那大名呢？取个大名吧。"

纳兰君琢磨了一下，深情满怀看着止若说："小妖是上天赐给我们的，就叫纳兰慕容吧。"

二舅当时住在农庄，小妖就由二舅照料，管二舅叫舅舅，管纳兰君和止若叫阿哥阿姐。二舅安排小妖在附近学校上了学，初中后死活不肯再去，就在农庄跟着二舅练习书法，学习古文，捣鼓草药，弹奏古琴，耍拳舞剑，研究烹饪，日子过得简单而快乐。纳兰君和止若每次来农场小住，都是小妖开心无比的日子。

老冯夫妇是二舅从老家带来的，单独住在后院的平房，负责种菜养禽、除草浇水、打扫卫生、看管园子等一切杂活。老冯夫妇憨厚老实却脾气倔强，对二舅言听计从。

一晃十余年过去，小妖已和止若同样身高了，清澈的眼核透着精灵，偶尔的言行含着古怪。小妖依然管止若叫阿姐，但开始跟着止若和纳兰君管舅舅叫二舅，也改口管纳兰君叫纳兰哥，甚或时不时跟着止若的叫法喊纳兰。小妖不喜欢老冯夫妇，却和园子里的喜鹊、黄鼠狼、刺猬、白蛇、青蛇说话戏玩，稀奇古怪，管它们叫小花小黄小白小青，说它们和华仔雀儿一样，都是家里的小仙，自己是管着它们的老仙。近期二舅不在园子，小妖和老冯夫妇不会闹出什么不妥吧？

纳兰君想到这里，转身下楼，去找老冯。

果不出所料，小妖外出，是去买祭拜用的烧纸杂物。原来，昨天老冯安排村里人来园子栽树，在房后东墙茂密草丛处挖坑时，刨出一条白蛇，一窝蛇蛋，白蛇躲避不及被铲成两段，蛇蛋也被捣毁，等小妖发现，人们早已裹了蛇尸而去。小妖大哭，责怪老冯杀了家中小仙，对老冯不依不饶。老冯内心发虚，除了一个劲赔罪，也不敢再说什么。早上，小妖情绪稍好一些，说是出门买些纸物回来，祭拜一下小白。

不一会儿，小妖果然带了些东西回来，见到纳兰君，委屈中微红的眼眶再掀泪帘。纳兰君轻声安抚：“别伤心了，别伤心了，再哭眼睛就哭丑了嘛。”小妖不吱声，纳兰君继续劝解：“天有不测风云，人有旦夕祸福，世间万物自有命数，既已如此，也是天意，轮回也是安心啊。”小妖抬头轻轻询问：“我想去祭祭小白，可以吗？”纳兰君说：“应该的，应该的，等你完事回来，我再给你讲讲祭的道理。”

小妖在房后东墙角，给小白烧了买回的纸物，说了歉意、留恋及祝愿的话，然后回到纳兰君的房间，同止若拥搂后，听纳兰君讲“祭”。

纳兰君说：“祭，实则是人文之初，礼之始。人类见同伴死，心生畏惧，定出规矩：不许食同类！礼至此产生，慧由此发迹，文明自此起源。有史以来，祭分三类。一是祭天祭地祭神灵，内有三种含义：首先表达对自然的敬畏之心。敬畏自然，顺应自然，才能万物盎然。这是人与万物都应遵循的道，老子说人法地，地法天，天法道，道法自然，意喻如此，如若逆行，必遭法谴。其次表达的是对自然的感激之情，感谢天地神灵的赐予，让人类在这亘古苍茫的世界，拥有一段短暂而美妙的旅程。其三是表达避祸降福的祈求，褒扬自然之妙法，忏悔自我之逆为，以祈求长生天的避祸降福。常怀对天地神灵之祭心，顺测阴阳之物，咸顺不逆，舜即得中，乃大德大道之人啊！”

止若和小妖频频点头。纳兰君接着讲：“二是祭祖祭宗祭先贤。也有三种含义，其一感恩先祖列宗赐我一脉，方有吾姓。其二感怀先祖列宗留下智慧，方有光明。其三感念先祖列宗遗下家训，方有传承。常怀对祖对宗之祭心，以求慎终追远，缅怀励志，薪火不熄，乃有德有道之人啊！”

小妖眼中闪泪，拥着止若说："我既姓纳兰，也姓慕容。"止若疼爱地轻抚小妖的秀发。

纳兰君接着说："三是祭亲祭友祭生灵，同样有三种含义，一乃生命若白驹过隙，逝者为大，送一程以示尊敬。二乃相识为修来的缘份，情义最重，祭酒一洒泯恩仇。三乃世间万物众生平等，大悲同体，大慈无缘。对一切生灵常怀祭心，以慈为本，祛悲为宗，惟机施舍，低举成敬，乃积德积道之人啊!"

小妖眼中闪过白蛇的影儿，小白笑容随风而化，小妖就此豁然释怀。

04

止若观荷

傍晚，小妖情绪轻快了许多，眉目舒展，又恢复了往日的神情，自己主动提意下厨做几碟可口的小菜，以便同纳兰君和止若小酌几杯。

纳兰君偏爱海货，做了红烧鳊鱼、蒜苔溜贝柱。鳊鱼烧得完整，颜色喜庆，香味飘逸。蒜苔用水焯过，青丝可见，贝柱热油爆炒，筋脆柱酥。止若喜素，上了清水白菜，此菜看似简单，实则费工费时，煲鸡汤猪骨汤备用，取白菜心若干，沥掉青涩之气，放入兑好的汤中，小火煨一刻钟方可。老冯夫妇吃肉，以新鲜荷叶，抹姜汁蒜末葱花裹了童子鸡清蒸，也是小妖的绝活。

纳兰君打理好凉亭里的长桌和板椅，止若摆上采来的各色野花做点缀，放置了合适的碗筷、酒杯和纸巾。老冯夫妇帮忙调制盐水花生，凉拌了葱头木耳配上芥末，开了一瓶白酒，等热菜上桌，已是华灯初上。

晚霞悄然逝去，天际的暮光暗淡了郊野，小妖打开凉亭四角的遮雨灯，含着得意，热情地招呼大家入席。大家感叹菜烧得色若丽人，味醇弥香，赞小妖人美手巧，小妖笑颜绽开，与大家一起吃得酣畅淋离。

席间，纳兰君、止若拿微信中有趣的人与事共享，小妖笑得前仰后合。老冯夫妇一开始埋头吃饭，后来也跟着憨笑插话。酒过三巡，纳兰君提议止若弹首古曲，不枉了此情此景。小妖忙取了古琴来，止若手抚琴体，弹了一曲《平沙落雁》。青丝遮面，柔指浅游，音律散于旷野，天籁止音，华仔和雀儿醉得软了身子。小妖也弹了首《梅花三弄》，风吹刘海，眉目传情，颤弦徐徐去，余音漫漫回，大家停筷拍手叫好。曲毕，老冯夫妇提前离席，小妖再次酒敬纳兰君和止若，止若不胜酒力，有意推脱，纳兰君则频频举杯，夸小妖烧菜手艺日趋神妙，让人爱不释口。小妖也是酒意渐进，面色红晕，散漫的灯光下，青春的华茂透过白皙的皮肤闪着皎光。青春本就是可肆意荣曜的年华啊！临近散席，小妖一边挽着止若的臂，头轻触止若的肩，一边端着酒杯，咯咯笑着问纳兰君："纳兰，你看阿姐多美呀……我有没有和阿姐一样美啊?"小妖有意无意的话，让纳兰君朦胧中迷离了思绪。

西三环北路东侧，一处幽静小院，是国家画院之所在。似乎岁月在这里已然停滞，或镶进了淡抹的画中，多少年过去，这里竟一切如旧。一个斑驳的二层小楼，两侧围墙合拢南向，一丛青竹，几株玉兰，数块怪石，占着院内的风水，迎着日日起落的阳光，陪着东墙角的白塔庵塔。这是一个覆钵式的喇嘛塔，塔高二十五米，四角束石柱方形砖台为塔基，上叠白石须弥座，座上六层青石刻仰莲，石上青砖砌覆钵，四面嵌白石焰光门，门内石上坐端佛，覆钵之上再展双层须弥座，座上伫十三重底秾上纤之相轮，顶端置铜制华盖和宝瓶。据传，这是明朝朱棣皇上寻找了半辈子的建文帝的衣钵塔，真可谓：

白塔须弥恒久远，
铜刹清静修无鸣。
何必世间觅真身，

历史从来隐巷中。

那年的九月，天已然凉爽，纳兰君在画界赫赫有名的表哥在此办画展，开幕当日，政界、书画界、文艺界轻易不露脸的，纷至沓来，或受邀，或约邀，或陪衬友朋，或渲染自身，世上一些事，看似衬托了他人，实则也粉饰了自己。纳兰君前后张罗着，另有数位勤工俭学的大学女生帮忙做礼仪。

次日，繁华散去，只有寥寥数人，在院内院外细心浏览。

纳兰君从庭院走进屋内，阳光斜过肩头，人和影叠成了黑白。此刻，慕容止若正从二楼拐角走下，缓步轻行，似溪水流曳，两人相视一笑，融入画中。当时，止若刚到北大求学，画展开幕时和同学一起做礼仪，止若因为清闲在意了繁忙的纳兰君，纳兰君因为繁忙罔顾了清闲的止若。

这一日，慕容止若依旧做接待，对纳兰君来讲好似初遇，对止若来说已是再会。因为参观的人稀，俩人都很清闲，因为清闲，可以坐下来细细聊天，问性惊初见，一聊忆旧容，谁也没想到俩人竟是北大校友，止若在经济学院念本科，纳兰君在历史系读硕士。纳兰君想，何为缘份？缘就是生命的昭昭必然，份就是难解的次次偶遇，缘份就是通过偶遇而牵引出的迫迫相依啊！

止若喜爱莲花，至此，纳兰君和止若对求学生涯的回忆，就沉淀在了不同时节、不同湖畔的几处意境。

校园里未名湖的莲花稀疏，因为稀疏，花不竞放，叶不遮影，观荷不成景，却是读书的好去处。止若于湖畔多半的身影，是在柳下读书，人如清水影如娑，柳树干枯多年的旁枝竟也苞出新芽，似偷窥美人的眼。纳兰君和止若最常去的是圆明园，圆明园离学校近，散步的功夫就入了园。驻足的地方，是畅春园后湖边上的清雅亭，湖面翠荷满铺，岸边怪石嶙峋，傍晚的时候人少，正可观景读书两相宜。只是畅春园最迫人的荷景不在春夏，而在秋冬。凛冽的风中，满塘败荷如散落的鬼魅，枝叶枯瘦，莲蓬萎缩，残叶折伏，孤枝独撑，凄凉中透出丝丝风骨，历史在这块土地烙下的苦难太深，不经意间，就会从自然的景象中溢出。

然而最不可忘的，是颐和园西堤景明楼后的荷塘景色。西堤仿杭州西湖苏堤所建，景明楼位于练桥与柳桥之间，楼名出自《岳阳楼记》的“春和景明，波澜不惊”。楼后莲池的美景，悬挂的楹联亦然描出：“无端霞意拖红绮，不画晓光染翠螺；鸡鹄凫雁烟波阔，岂必无心独野鸥。”那一年夏天，就是在景明楼下，对着满塘的荷花，纳兰君单膝着地，向止若求婚。

只是别人求婚势必拿了钻戒来，而纳兰君却递上来一首诗。

止若接了，略览，脸上飞一抹红晕，本就清水，又雕绿波，纳兰君眼醉。止若微嗔：“人家看不懂，你念念嘛。”

纳兰君背手仰立，冲着满池的荷，轻吟着《佛说君说》：

佛说：用一刻去偶遇
是一种缘
君说：缘来人未识
人去心亦随

佛说：以一秋去感知
是一种参悟
君说：参了月有圆缺
难舍悲欢离合

佛说：拿一年去炽爱
是一种轮回
君说：冰释为甘泉

枯木恰逢春

佛说：可一生去守候

是一种修行

君说：身为藤缠树

心亦化彩蝶

“嗨嗨，纳兰，想什么呢?”止若轻声唤回纳兰君。纳兰君略显窘态，忙掩了杯酒，一饮而尽，嘴上嚷嚷着：“有些醉了，有些醉了……”

晚上睡觉，纳兰君背靠床头，手捧一本《群书治要》，咀嚼着其中的句子，这是纳兰君的习惯，含着知识入睡，梦里化了文化。止若靠着纳兰君的肩，幽幽地说：“许久没有去颐和园西堤了，不知道那里的荷花是不是还和往年一样?”纳兰君放下书本，一手轻搂了止若的肩，一手去合止若的手：“是啊，许久没有去景明楼看看了，小鱼肯定不是以前的小鱼了，野鸥也不是以前的野鸥了，然而景色必然是往日的景色啊。”止若抬头望纳兰君的眼，若有所思地说：“时间过得真快呀，一晃十多年过去了，小妖也已经情窦初开了，应该多带她出去见见朋友，也好有机会交个合心的人。”纳兰君点头称是。

次日上午，纳兰君去找老冯夫妇商议蔬菜轮作和中草药种植之事，小妖则黏着止若在书房里写字。止若擅写颜体，专心临摹《多宝塔碑》。小妖偏爱米芾，说米芾独有筋骨又融了王献之的飘飒，是真正的极品，长期临摹下来竟也有几份神韵，于是称自己为小米。米芾的《苕溪诗帖》，小妖早已烂熟于胸，看止若入静，自己也开始以小笔整篇书写。期间，止若活动手臂，从书房悄声走出，立于塘前，凝视荷花，出了神。

纳兰君走来，抓了止若的手，止若恍惚中，攥紧了纳兰君。池塘里正是：“荷叶争怂出，翠遮凌波纹，几株含苞客，恍惚欲忘春。”而那些灿开的花，灼着看花的人。

此时小妖亦跑出，挽上止若的臂，静静地看池塘。

纳兰君问："小妖，你看到了什么?"

小妖说："此处可采莲，莲叶何田田。"这是汉乐府《江南》的句子，三人笑，止若打趣小妖想去江南了。

小妖问："阿姐，你看到了什么?"

止若说："半池莲花，一世姻缘。"纳兰君眼光会意于止若，小妖扭脸看了别处。

止若问："纳兰，你看到了什么?"

纳兰君说："哪有莲花，唯有佛法。"

小妖摇摇头，说："纳兰，我没明白，何意啊?"

纳兰君说："佛祖后讲妙法，续展三乘之妙，意指众生平等，皆可成佛，因果轮回，因因成果，冠名《妙法莲花经》。非讲莲花，是以莲花三妙，喻意佛法之精妙本义。"

小妖追问："莲花三妙？指的是什么呀?"

纳兰君说："其一是花果同时。果随花生，花随果落，此因即此果，此果即此因。"止若轻声接话："吾是君的花，君是吾的果。"小妖懵懂，沉默。

纳兰君续讲："其二是出淤泥而不染。此因未必产此果，此果未必出此因。什么意思呢？淤泥这个因未必一定产污果，干净的果也可能由污泥而出啊。"止若轻声接话："缘来非因姻，姻尽缘未没。"小妖浅笑："纳兰的话明白了一点儿，阿姐的话有些深了。"

纳兰君接着讲："其三是当敛则敛，当露则露。尚在泥中时敛而不露，是以不沾污；出得水来露而不敛，所以可开花。这就是当敛则敛，当露则露的道理啊。"止若轻声接话："识君之前花未开，识君之后未开花。"

小妖转身离去，丢了话：“不跟你们玩了，纳兰说的话有些懂了，阿姐说的话一点儿没懂。”

纳兰君和止若相视一笑，一株含苞脆声绽开，惊走叶下偷听的蛙。

05

小梅逝去

纳兰君和慕容止若在农庄小住了一段日子，正欲回城，刚巧二舅从老家回来。

二舅带回了一些土特产，怀药之首的铁棍山药，辛辣香脆的独头蒜，黄河滩头的黄芩，都是乡邻土里刨出的，沾着松茸的泥香，透着浓浓的乡韵。二舅也捎回一个不好的消息：前村的小梅老师因病去世了，不日学校要为她送行。小梅老师是纳兰君的启蒙，小学一年级到五年级的班主任。纳兰君搬县城时，小梅老师仍在乡下，小梅老师搬县城时，纳兰君已到了省城，自此生活再未交集。小梅老师竟这样走了，纳兰君既感意外更怀酸楚，遂决意回去送小梅老师最后一程。慕容止若和小妖提议陪着一起去，也借此机会到纳兰君遥远的家乡看看。

回乡的铁路仍是几十年的路线，以前需跑几十小时的火车，现在却只要几个小时，物是昨日而物非今朝，人是故人再人非旧时，纳兰君望着窗外倒飞的景与物，感慨万千。

纳兰君上小学时，城里寂寥，乡下贫寒，城里人住得挤吃饭靠粮票，乡下人院子空缸里没余粮。公社里零散着十几个村子，却只有一个小学，距纳兰君的家要走半小时的路。那时候没有幼儿园，学前的小班叫育红班，纳兰君和村里多数孩子没上过育红班，直接上小学，算是跳级了。因为没上过育红班，入学就是件很神圣的事，但入学要具备两个条件，一是物质上的，要带上小板凳。学校条件差，课桌是水泥板搭砖头垒起来的，板凳需要自己带。二是智力上的，要会数数。数到一百才过关，等同于入学考试。这对乡下孩子来讲，是道挺难的坎儿，掰着手指数到十，过十就乱，再往下总丢数。聪明的孩子，除了手指，还会用脚指，可以顺利数到二十，过了二十也乱，再往下也是要丢数。

入学的时候像过节，孩子们在教室门口排着队，挤着，笑着，看前面的演出，也惴惴等着自己人生的首演。排在纳兰君前面的是同村的发小赵跃进，乳名小宝。小宝还不会用脚指，抬头一看面试的老师是个美女，脸一红，心一慌，吞吐着数到十，磨磨叽叽数不下去了，老师说回家练练吧，过两天再来。这次没考上，小宝扭捏着走了。接着是纳兰君，老师扫一眼花名册，再瞧纳兰君："纳兰君？名字还挺少见，能数到一百吗？"纳兰君手指脚指都会用，脆脆地说："能！"

"1、2、3、4……"顺溜地数起来，数到二十，老师点点头，赞许地说："可以了，带上板凳，进去吧。"

美女老师叫小梅，省城女子高中毕业的，分到公社小学来教书，是纳兰君的语文老师和班主任。当时小学三年级以下只有两门课：语文和数学。纳兰君喜欢上语文，因为小梅老师眼睛长得好看，声音好听，还因为语文课上"造句"很好玩。二年级后，同学们掌握的词语越来越多，小梅老师就偏爱以"造句"的形式，引导大家举一反三，强化理解，没想到由此，却激发圆满了纳兰君弄词儿的天赋。

比如新学了个词："无事生非"，小梅老师解释完含义，让大家以此来"造句"，难度系数3，无人应战。纳兰君举手，扭捏着站起来说："报告老师，刚才小宝无事生非，踢了我一脚。”小宝一听急了，红着脸嚷嚷：“不是的老师，是纳兰君冤枉我！他才是无事生非。”同学们咯咯直乐，童男童女各种复杂眼神奔向纳兰君，纳兰君心中十分受用。小梅老师示意纳兰君坐下，微笑着说：“刚才两位同学造的句子都很好，很生动，很形象。大家要记住，无事生非是一种不好的习惯，同学相处不要无事生非。”纳兰君从小梅老师眼中看到了温柔。

再比如，又学一个词：“不合时宜”，此词不太好讲，小梅老师解释半天，大家还是有点懵，就试着让同学造个句，难度系数4，大家纷纷低头。小梅老师把希望抛给了纳兰君：“纳兰君，你能起来造个句嘛?”纳兰君扭捏着站起来说：“老师，如果此时我说我不会造句，而想去尿尿，是不是有点不合时宜?”纳兰君明显感到童男童女火辣辣的目光灼了后背。小梅老师轻声叫纳兰君坐下，续着说：“纳兰君同学这个时候提出上厕所，确实是不合时宜的。在合适的时间做合适的事叫恰当其时，不妥的时间做不妥的事儿就是不合时宜。”同学们纷纷点头，纳兰君从小梅老师眼中感受到了疼爱。

再比如，又碰到一个词：“孤陋寡闻”，此词甚为生僻，让人望而生畏，难度系数5，大家目光闪避。小梅老师再次点了纳兰君，纳兰君再次扭捏着站起来说：“对不起老师，因为我比较孤陋寡闻，所以我不会用孤陋寡闻来造句。”杀伤力太强了，童男们的表情除了嫉妒恨，就是嫉妒恨，童女们的眼光除了惊慕羡，就是惊慕羡。小梅老师笑颜若花：“纳兰君同学表现的很好，能用孤陋寡闻造句，说明你并不孤陋寡闻。大家要记住，读万卷书，行千里路，见多识广，自然就远离了孤陋寡闻。”这一年，纳兰君毫无悬念成了语文课代表和年级的班长。

仅仅二年，就从普通群众混成了干部，纳兰君深刻感受到作为草根要挤入仕途，才华是多么重要啊！

什么是才华？把已知的东西以“作”的形式表现出来就是才华。什么是才华横溢？肚里的东西多了，不出来憋得慌，一旦奔涌而出，那淋漓之后的快感就一个字——“爽”。

四年级后，班里增设了体育课，小梅老师同样兼任体育老师。学校里体育器材少得可怜，空荡荡的操场上，只有一个木头篮球架。几只破旧的篮球，多数时候锁在教导主任的屋里。然而除去打篮球，体育课还可以踢毽子、丢沙包、推铁环，器材的繁与乏，只能厄去与器材相关的玩法，却怎么也不会减少操场上飘荡的快乐，正如财富的多与寡，只能泯灭与财富相关的欲望，却丝毫无法逊色平静的幸福啊！

冬天的时候，最适合的运动是跑步，大家穿着笨笨的棉衣裤在小梅老师的带领下每天清晨绕着操场跑，直到高喊不冷了为止。时光就这么在步子中匆匆而去，跑过冬天、跑过春天，跑到了五年级的夏天。夏天是美丽而欢快的季节，大家越穿越少，风景越来越多。似乎突然之间，孩子们觉得自己长大了，之前从来没意识到，现在却下意识里感觉小梅老师也长大了。当时的乡下，似乎还没有乳罩的概念，女孩子发育后，会在衬衣里穿一层小背心，以掩盖不断长大的胸。小梅老师夏天常穿一件洗得一尘不染的“的确良”白衫，里边一层背心隐约可见，丰满的胸如含苞的花，神秘着偷窥花的眼。夏天的体育课连鸟儿都在歌唱，小梅老师一边喊着“一二一”，一边带着大家围着操场慢跑，随着起伏的步伐，小梅老师的胸好象揣着两只小白兔，那种欢腾和跳跃好奇着所有男孩子的心。小宝忍不住，悄悄对前面的纳兰君讲：“班长，哥几个都在瞄小梅老师的胸呢，里面是不是真的有两只小白兔?”纳兰君没吱声，攥起手指，回头狠狠捣小宝的脑袋。

纳兰君觉得老师的胸过于活泼了，脸上有些挂不住，好像是自己的不妥似的。纳兰君想在合适的时候，通过某种方式提醒一下，但心中惴惴，不知就此张口“合不合时宜”，又怕小梅老师误会了自己。然而小梅老师似乎免疫于孩子们的目光，那么自然地舒展着自己的身体，步履轻盈，吐气若兰，随着跑步的节律，胸前“一波未平，一波又起”，波纹肆溢而不自知。多么美好的季节啊，然而美好似乎永远都是那么短暂，转眼要毕业了，乡下只有小学，初高中要到十多公里外的县城上。考完试，小梅老师在课堂跟大家道别，言语中不舍着所有的孩子。

“时间过得真快呀，一晃五年过去了，你们都已经是大孩子了。多数同学要到县里上初中了，也有的可能不再上学了，但是你们都长大了。谢谢你们，谢谢你们的成长，谢谢你们的纯洁无邪带给我的美好而快乐的时光。”小梅老师说到这里，声音有些哽咽，纳兰君眼里已饱含了泪水。

“今天是我给你们上的最后一节课，我想讲些心里的话，也是一直以来，最想讲给你们听的话。”大家眼圈红润，神情肃然，个别女孩开始抽泣。

“俗话说龙生九子，各有不同，老大囚牛龙头蛇身，耳音好，能辨万物之声，所以刻在了琴头上。老二睚眦豺首龙身，性格刚烈，好斗喜杀，所以刻在了剑柄上。老三嘲风形似兽，好险好望，所以蹲在了房顶的台角上。老四蒲牢形似盘龙，好鸣好吼，所以钮在了洪钟上。老五狻猊形似狮子，好烟好坐，所以饰在了香炉上。老六赑屃身形似龟，力大无穷，喜好负重，所以驮起了铭文的石碑。老七狴犴形似虎，平生好讼，能明辨是非，所以安在了狱门上。老八负屃头似狮，平生好文，所以刻在了石碑上。老九螭吻龙首鱼身，能喷浪降雨防火防灾，所以塑在了大殿上。”

“你们也一样啊，虽然长相不同，体型各一，学习爱好互有差异，但你们也都是龙的传人，都是天生的有用之才啊！所以不要去羡慕嫉妒别人的长处，而要埋头看清自己的造化。造我为鹊则顺鹊性而化，造我为鱼则顺鱼性而化，造我为蜂则顺蜂性而化，这就是幼有所长的内在含义呀!”

教室里鸦雀无声，小梅老师接着讲：“学习，是与生俱来的本性，我讲三点感受，供你们参考、思考。其一学，要学以致用。子曰学而时习之，不亦说乎？有朋自远方来，不亦乐乎？人不知而不愠，不亦君子乎？讲的是这个理。其二用，要善假以物。荀子说假舆马者，非利足也，而致千里。假舟楫者，非能水也，而绝江河。君子性非异也，善假于物也。讲的是这个理。其三师，圣人无常师，道之所存，师之所存也。韩愈说弟子不必不如师，师不必贤于弟子，闻道有先后，术业有专攻，如是而已。”

小梅老师顿了顿，轻轻地说：“我们师生的缘份虽然已尽，但师生的情义必然会内心长存。青，取之于蓝而青于蓝，我就是你们的底蓝，你们是我的青虹。冰，水为之而寒于水，我就是你们的寒水，你们是我的冰心。”

说到此，孩子们早已泣不成声，纳兰君泪流满面，这些句子宛若优昙婆罗花，无枝无叶，开着淡绿的白花，多少年来一直绽在那里。

火车到站了，纳兰君的家，从县城搬到省城，又从省城搬到京城，已记不清有多久没回县城看看了，儿时斑驳的县城车站早已不见踪迹，宽敞大气的建筑恍若省城。纳兰君努力搜寻着旧时的记忆，支零破碎的片段形不成景象，只有廖廖的几个人影清晰如初。追悼会上，该来的同学都来了，许多容颜依稀，却无论如何叫不出名来。纳兰君寒喧着，踟蹰着，向小梅老师的家人问候着，也和儿时同学打着多年没打过的招呼。这世上有一种东西，平日里人们似乎无从感受，但它一直就在那里。灵堂上，来自四面八方的人，虔诚了神情，涤净了心，静静地把躬鞠在同一个方向。

从悲痛中走出来，纳兰君沉默了许久，之后轻轻对止若说："我写了首诗，你给谱个曲吧，以后每年这个时候，我们可以在远方唱给老师听。"说着从兜儿里掏出一张纸，小妖先接了去，说："我来念吧，我来念吧。《梅花落》。"

让风再吹一次，
不许吹散你的发。
树梢迷途的小鸟，
也能看清你的面颊。

让雨再下一次，
不许溅湿你的肩。
你的红伞小小，
遮过多少怯怯的眼？

让雪再飘一次，
不许没了满树的梅花。
恍然，花瓣片片落下，
映在雪中，
灿若红霞。

让我再听一次，
不许扰了我的思绪。
纵然，这熟悉的声音，
萦绕耳边，
从来都没有沉寂。

06

二舅的道场

纳兰君的家在后村，顺着穿村的路，向东五里是前村，二舅及小梅老师的娘家住前村。孩儿时，纳兰君心里纳闷，问二舅为什么叫前村后村，而不是东村西村。二舅回答太阳东升西落，为什么不说前升后落。二舅似乎没回答，好像又说出了答案。纳兰君不再询问，私下里自己琢磨。

纳兰君老家院落不大，却有棵全村最粗最茂的梧桐树。人说梧桐树上栖凤凰，纳兰家的梧桐上，住的一直是自家养的鸡。此时正值桐花盛开，树径浑直，树冠广阔，枝繁叶嫩，桐花似锦。小妖从未亲眼看到过桐花，见花序成串，花冠钟形，花蒂若卵，花色粉紫，花味丝甜，兴奋得手捧桐花，身子打了好几个转儿，低头静静去闻，突然使出小时练就的功夫，头扭至后背，笑看纳兰君和止若。止若吓了一跳，随即三人哈哈大笑，止若追了小妖去挠她的腋痒。

纳兰家自从搬到省城，后村的宅院就托给了左边隔壁王伯照看。王伯家里穷，无儿无女，自从土坯垒的房子后墙斜塌，就住进托管的院落荒了自己的宅。王伯大名王田壮，年轻时脸上的麻子序若桐花，一串一串的，就惹了“王麻子”的外号。方圆百里王伯枪法最好，后肩挂着的兔子也一串一串的，就旺了“麻子”的名，而没了“田壮”的名。王伯只知道“麻子”让自己名声在外，却不知“麻子”还解过纳兰君的惑。田壮是王伯，麻子也是王伯，前村后村，东升西落，名嘛，约定而已，俗成使然。

纳兰君一行进来时，院落的门是敞着的，内宅的门挂着锁，王伯想必没走远，附近林子去寻了兔子的踪迹。止若和小妖闹腾了一会儿，稍感口渴，见家里没人，就嚷嚷着去前村的二舅家。

二舅和姥姥住在前村的一处古宅中，院落很大，正堂三间，东西厢房各三间，厨房杂物房单列。房子以白石为基，青砖砌墙，榆木的大梁，樟木的檀，木料自带雕工，两面如意纹，厅堂宽敞明亮，冬暖夏凉。纳兰君去省城前，姥姥尚住在正堂东室，大舅早年夭折，二舅单独住东房，西房空着，平日亲戚留宿或住正堂西室或住西房，二舅的东房很少有人进，平添了几分神秘。正堂与东房的拐角，是一棵巍峨的槐花树，逢春槐树花开，浅绿的白花儿丁玲招展，香飘四邻。姥姥总让人采了来拌菜、焖饭、做汤，甚或包成饺子蒸成糕，阖邻分享，事儿与味儿，都是藏在纳兰君记忆深处最好的佳肴。槐树径干苍迈，侧枝勃勃，余蔓蓬蓬，顺势东延，遮了东房大半的阴凉。夏季夕阳斜下，影影绰绰，更凸了东房的鬼魅。虽然二舅人在京城，但宅院里一直有人。村里的张瘸子小儿麻痹落下残疾，双亲走后姥姥就让二舅接了来住在西房成了家里人。张瘸子走路不利索，二胡哼曲却出神入化，曲艺源自二舅，造诣已不相伯仲。纳兰君三人进来时，一曲《汉宫秋月》，如歌如泣。

纳兰君多年未来，刚见面各自恍惚，一声张伯我是纳兰君啊，张瘸子移步，颤着臂紧紧攥着纳兰君的手，苍容笑皱，老泪横流。互相介绍一番后，张伯领纳兰君来到正堂，端水沏茶，热切地问候家里寒暖，赞止若端庄贤淑，夸小妖貌美青春，又执意让大家留宿，纳兰君应诺。

解了口渴，纳兰君带止若、小妖在院内四处观览，轻诉旧事，细数家珍。步到西房，发现一群衣着参差、口音不一的人在室内聊天，张伯忙解释："他们是来找菩萨看病的，其实也没有太急的病，我给他们说了，过一段儿日子菩萨才能回来，可他们宁愿在这里多呆一会儿。"

"菩萨？菩萨是谁？"小妖禁不住问。

张伯虔诚地说："菩萨就是纳兰君的二舅，几百年才出的这么个活菩萨啊！"

小妖愈加纳闷："二舅是活菩萨？我怎么不知道？"小妖在二舅的呵护下长大，虽觉二舅神秘莫测，却不知二舅的身世渊源。

纳兰君疼爱地看着小妖，开始娓娓道来，慢慢揭起蒙着佛身的那层迷纱。

姥姥出身中医世家，民国时省城念的高中，后随家人迁安广州，在方便医院做护士。姥爷祖上是乡里的地主，德殷财厚，乡人相谈有口皆碑。姥爷在黄埔四期读步科，与张灵同学，私交甚好。其间，姥爷与姥姥相识相恋，成家后姥姥一生追随着姥爷，再未分开。1926 年姥爷参加北伐，入第一军，任一师一团团长时，许世友是一团的连长。1930 年，姥爷调任国民党秘密组织——调查通讯小组，其核心骨干均来自黄埔，每人一枚琥珀梅花篆字私章，相互独立，执行任务时认章不认人。没多久，姥爷留学德国，信仰归了共产党。回国后，在汉阳兵工厂任总工，岗位隐秘，又能与情报、作战及装备口的高级将领自由来往，可从不同渠道，获得意想不到的情报，是隐蔽战线上的一枚奇子。二舅天生聪颖，好古修德，受姥姥熏陶，中医底蕴深厚，自幼以俗家身份拜少林寺德保和尚为师，与方园、行正等佛门师兄感情笃厚，情同手足，经素典大师指点，得贞素、贞绪等诸位大师真传。离寺后，行正去武汉归元禅寺参学。方园跟随了姥爷，蛰伏隐行，负责情报传递工作。二舅经德保大和尚推荐，给时任三八六旅旅长许世友作警卫。抗战胜利后，二舅已是华野九纵特务团团长。

遂后，一场神秘之战，不仅影响了历史的冥冥变更，更诡异般颠覆更改了诸多的人生命运。

山东蒙阴与沂南交界，绵延出一片海拔六百米的山峰，地势极为险要。1947 年，已是国民党中将的张灵率王牌精锐七十师占领此地，设“中心开花”之计，欲灭解放军华东主力，一举改变华东战局。

时任国防部作战厅厅长郭汝瑰，拿到上层钦定的作战方案，心中大惊，迅速秘交任廉儒，任廉儒第一时间送交姥爷。姥爷斟酌再三，最后拿出作战方案和梅花印章，让方园连夜送达联络站，然后带印章去找二舅做一件怪异诡奇之事——救出张灵。

当方园找到二舅说明来意，张灵的部队已几乎消耗殆尽。深夜，指挥所里，张灵发蒋最后一电，写下遗书，欲率部自杀。

战役结束，张灵头部面部血肉模糊，尸首难以辨认，唯有胸符、手表、戒指，予以证明。蒋介石闻讯，心痛垂泪，亲撰祭文，颁发第 3 号旌忠状，在南京玄武湖畔为其修建纪念碑。

太室山西麓的永泰寺，坐东向西，面朝少林，背依巍巍望都峰，北临秀丽子晋岭，群山环绕，峰峦叠翠，溪水萦回，景色清幽。张灵醒来，发现自己一身素衣，旁边两个陌生人相守，意欲反抗，方园拿出琥珀梅花印章，说明姥爷用意，张灵仰天长叹，泪流不已。方园回去复姥爷命，二舅在太室山陪张灵清修，不意两年后党国沦陷，蒋介石被赶到了遥远的台湾。张灵万念俱空，自此觉悟，在少室山拜会行正，剃度皈依，遁入佛门，法号方灵，居太室山永泰寺修行。二舅受姥爷命，俗家陪伴，终身服侍。数年后，方灵大师染疾不愈，自此圆寂，涅槃之际，将心中秘密托与二舅：

1935 年，孙殿英转运的数箱东陵葬品被蓝衣社秘密截获，其中一箱是慈禧和乾隆墓中的文册典籍。张灵是蒋介石最欣赏最信任的学生，相貌神俊，才华逼人，作战勇猛，无限忠诚。此时，外传张灵弑妻被押在南京监狱欲判死刑，实则是潜身执行一项绝密任务——接管并安顿好这批财富。

所谓“浮云轻蔽月，影儿恍如真。繁花遮人眼，隐果谁可甄?”如此凌乱世局，张灵整整两年才料理好一切。1937 年日本侵华，张灵复出抗日，几度生死，战功卓著，一路升至中将军长兼首都警备司令，实乃民族之精魁！张灵小蒋数岁，然而不管是文电还是面称，蒋介石都尊张“灵兄”。抗战结束，张灵移交了所有珍宝，却隐藏了那箱文册。在其眼中，世间财物犹若粪土，唯有那箱典籍，饱含人类智慧，乃真正民族之瑰宝，既不能毁于战火，更不能落入佞人之手。

二舅堆柴焚化方灵，筑塔函灵，下山复命。姥爷 1949 年后推掉一切功酬，回老家县城机械厂任总工，因身份特殊，德厚功高，又偏居乡隅，多次运动均未受到冲击，一直住在古宅安度晚年。看到二舅带回的方灵的几颗舍利，姥爷泪如泉涌，数日不食不语，每日抄写《金刚经》偈语：“一切有为法，如梦幻泡影，如露亦如电，应作如是观。”最后命二舅回太室山守陵，以慰英灵，十年不满，不许家还。

纳兰君说到这里入夜已深，暗暮辽阔，天籁轻鸣，数家灯火闪烁，几枚星光乍现，渺渺绰绰，宛若魅影。止若和小妖唏嘘不已，叹人生无常命运多舛，只是小妖依然迷惑，忍不住问：“那为什么说二舅是菩萨呢?”纳兰君接着往下讲。

二舅取得文册回到太室山，守灵潜居，俗身清修。细细翻看典籍，发现有医书数册均为世间佚本，以方剂为主，更有一本舍证从脉主讲论治，阐述了一些疑难杂症的病因、症状，及不用外药，而以导引之术愈治的机理。佛典数本，有达摩祖师的《破相论》《二种入》《悟性论》和《血脉论》，及慧能大师的《六祖法宝坛经》。另有古籍数册，除却《周易》《老子》《素书》《六韬》，竟还有早已失佚的《捭阖策》《本经阴符七术》《孤虚十二章》等等。二舅细细钻研，日有所悟，三年有余，略觉小成，随入少林拜见行正大师。

行正此时已为少林寺监院，听二舅论禅甚为心慰，说："你虽只身孤苦为守陵，实则方灵大师成全了你，十年可磨一剑，种入方成大业啊。"

"为何十年？如何十年？请师兄明示。"二舅询问。

"达摩祖师一苇渡江，九年壁观，传二入四行。你十年磨剑，若能成剑，已是造化。十年一剑，不是只磨一把剑。医术是剑，若磨得削铁如泥，斩祛世人种种病苦，拔痛复康，乃功德之本，此为显剑。功力是剑，以报怨行入随缘行，方可破相；以无所求行至称法行，方能正邪，乃悬壶之根，此为隐剑。德行是剑，上德无为而无以为，下德无为而有以为。上德可得大道，足以匡扶社稷，下德渐悟小道，亦能自救救人，乃济世之基，此为心剑。三剑合一，二种入心，大业可成。以上，务斟之酌之。"

二舅醒悟，随缘破相，功跃一层。自此，心守陵处，身游周边，以功力治病救人，无论贫贱富贵不取分文，声名鹊起。三年有余，"文革"盛行，少林寺遭受浩劫，二舅只身前往，力助行正大师，保千佛殿毗卢遮那大佛像及众多古卷、匾额和塔林免遭毁坏。当时，二舅在少林寺叩拜行正，意欲皈依："师兄，我一直是俗家弟子的身份，今少林蒙难，我愿剃度皈依，以身侍佛。"行正大师摇摇头，偈问："何为佛？"

"自觉、觉他、觉性圆满。"二舅答。

"再说。"行正二问。

"自度、度他、度人溢德。"二舅再答。

"再说。"行正三问。

"自予、予他、予人以善。"二舅三答。

"如此甚好。"行正大师点点头，接着说："达摩祖师初到南海，梁武帝派使臣迎至金陵亲自接见，说自己营造寺院无数，雕刻佛像无数，供养僧侣无数，问功德如何？祖师说没有功德。梁武帝问为何没有功德？祖师说面上的功德哪里是真正的功德。由此，即使身处俗家，若能自觉觉他、自度度他、自予予他，唯佛是归，没有皈依吗？你已经皈依了啊！若反，既不能自觉自度自予，又无法觉他度他予他，即使身在佛门，你皈依了吗？你没有皈依呀！"

行正大师见二舅沉默不语，接着点拨："梁武帝身为帝王，本应清心寡欲，行无为之道，处王者之事，使国富庶安泰，使民安居乐业，却为了面子，好大喜功劳民伤民，表面做了佛事，实则远离佛心，所以没有功德啊。"二舅渐悟。

行正大师最后说："只要佛心自在，少林之内是道场，少林之外亦是道场，你造化异于常人，应有更大的善业，怎可拘泥于一隅之道场，而无视无疆之道场呢？"

二舅大悟：

方灵见性已成佛，
何需孤意守尘陵？
冰心自在玉壶舍，
度人无量清功德。

自此，二舅离开太室山，遍访名家，游医四海，除人不能除之难症，度人不能度之苦疾，"菩萨"之名遂起于民间，二舅真身却一直隐于界外。又三年，二舅重回少室山，与行正大师沏茶斟杯，相谈甚欢。

行正说："达摩来到北魏，少室山面壁九年，神光立雪断臂，明志求法，方有二祖慧可。传至僧璨，至道信，至弘忍，再传惠能，始为六祖。六祖目不识丁，却独创《六祖坛经》，禅宗自此走入鼎盛。"二舅点头，说："是啊，是啊。"

行正大师接着说："几百年来战火不断，国尚不保，何况寺院，少林一脉始终未断，实属万幸啊。你慧根奇特，忠孝两佳，历经多难，又得方灵大师成全，假以时日，若能顺势而为，必能慧眼洞开，开源创宗，普渡慧光啊。"二舅再悟。

十年守陵期满，二舅下山归乡，没多久，病入膏肓的姥爷就去世了。二舅在家陪候着姥姥，潜居修行义诊治病。姥姥去世后，二舅就搬到正堂，把东房腾出来用作义诊的道场，专解世人解不了的疑难杂症，从此来这里求"菩萨"祛除恶疾顽症之人，自是络绎不绝。纳兰君曾问二舅，为什么能把外人的恶疾治好，却不能让姥爷姥姥长生呢？二舅说其中缘由不是一句两句能讲得清，也不是一般人一时一刻能弄得明白，有那么一天，纳兰君自会明了。

叙述到这里，止若和小妖对二舅愈加高山仰止，崇拜有加。小妖又问："那后来呢？"纳兰君打趣说："后来二舅把北安河的关帝庙作了京城义诊的道场，弟子弘元在那里主事，二舅没带你去过，所以你不知道。再后来呢，二舅在湿地农庄照顾你呀，再后来呢，你长大了，好些事你也都知道了呀。"小妖微嗔。

止若轻咳了几下，面色疲惫。

止若生于大寒之年，天生气血不足，身子羸弱，这几天行程紧凑，又有些水土不服，已是病态初现，大家决定即日返程回京。

07

世局机杼

太行山脉呈东北至西南走向，绵延数百里。燕山山脉西起白河谷，东至山海关。两脉南北相交，甩尾之处巍峨高耸，名曰凤凰岭。山中何所有？岭上多白云，白云之下顽石兀立，风掠之后回音四起。岭间泉眼密布，丝丝清流渗缝而出，淙淙闻声。岭下绿荫苍苍，银杏合抱处，古柏欲参天，上方寺、龙泉寺、黄普院隐约其间。

夕阳西下，凤凰嘴的阴影尽力向东伸去，淡淡的喙角处衔着一枚小庙，此乃二舅在京城的道场——关帝庙。

庙内东室，弘元轻轻搭过止若的脉，微微一笑，说：“你生于大寒之年，先天柔弱，这次又着了风寒，不打紧，喝两次姜糖茶，多多休息即可。”止若问：“真的不用吃药?”弘元又笑：“是药三分毒，以毒攻毒，尚需排毒，这些都要耗你的元气，用药因人而宜，能不用则不用之。”止若稍感放心，踱出门外。

院内凉亭之下，二舅、纳兰君和小妖正喝茶聊天，说笑谈论着在老家的见闻。见止若出来，二舅忙招呼坐下。纳兰君起身扶了止若来，止若喃喃笑道："不用，不用，好似得了什么紧要的病一般。"笑未息，已款款落座。

纳兰君靠着止若坐下，说："难得大家这么齐到庙里来，让二舅给咱们讲讲禅吧。"止若和小妖随声附和。二舅浅笑了一下，说："也好，本来也想找个机会给你们说道说道，择日不如撞日，恰遇即为良时。止若很少到这里来，小妖更是第一次，而弘元今天又看到优昙花开，缘至合份不讲禅，当机则妙可说慧，我就给你们讲一讲'世局机杼'吧。"

二舅目光内敛，吐字如玑："自人类文明起源始，我们就处在始终追求真理的过程中，所谓求慧之心人皆有之，人们在潜移中修行，默化中往生，只不过芸芸众生意识里往往并不自知。在历史的长河中，有少数人修行得悟，睁开慧眼，先知先觉，以慧为根，以源生文化为表，创立了不同的流派分支，比如犹太教、佛教、基督教、儒教、道教等等，典籍浩瀚，经律各论，诲人以苦乐，以善恶，以正邪，以生死，问慧根，径有多少？慧心，知与谁苦？众教溯源，起于慧心啊。"

二舅稍顿，接着说："得行正大师点化，经方灵大师成全，我方睁开慧眼，看到慧光之下，慧开两朵。一是慧体，机缘巧合已传于弘元，能拔凡胎肉体之病厄，使人病除，使人体康，使人长寿，功不示人，乃为慧宗之密。二是慧智，今传纳兰，能拔众生思想之愚昧钝浊，使慧入，能慧行，开慧眼，现慧光，得慧智，示慧于人，乃为慧宗之显。慧宗之下，世人皆为弟子，求慧之心与生俱来，只是不摸法门，不谙修行而已。我也一样，只是已谙修行的弟子，却也不是你们的师父。因为慧智第一规：所有门徒，无论入门久远，不管修为高下，凡胎平等，皆为修行弟子，只有作古后，方可称为师父。今领纳兰入门，依闻道先后次序，纳兰可叫我师兄。"纳兰君半解半喻之中，似有所悟，止若似懂未懂之处若有所思，只是小妖一窍未明，美丽着迷茫的眼。

二舅接着讲："你们可知道早先的织布？一把梭子穿来穿去，最后织成一匹白布?”大家点头，二舅续说：“你把布无限放大去看，经线、纬线构成无数如棋盘的格子，格中有格，格内套格，此为局。整块布为全局，内含的格子可称一域。对于格中之格，相对来看，既是全局也是一域，舍彼存此，全在你限定于那一格。梭子是时，是机杼，永不停息在穿梭，布永远在持续，我们能看到的布为现世，我们未看到的布为来世，从起源到未知即为万世。此乃世局机杼。”小妖说：“二舅师兄，这个我懂了。”纳兰君和止若微笑。

二舅笑含慈爱，说：“这个世界，藏有三个世局。一个即人身之外的客观世界和永不停息的时光。与织布同理，假如你的眼前有张世界地图，你把整个世界看作无限细化的棋盘，世界为全局，国家为一域。国家为全局，城市为一域。城市为全局，个人为一隅。每个人都只是这盘棋上的一子而已，子生子灭，棋局永在，此为局。对于人之一世，年月日均为一时。若以朝代为世，人之一生为一时。若以历史为世，各朝各代皆为一时。每一天也都是万世的一帧而已，帧开帧合，万世固存，此乃世。不识庐山真面目，只缘身在此山中，未察世局与机杼，但因无慧开混沌。”

“清末陈澹然讲：‘不谋万世者，不足谋一时；不谋全局者，不足谋一域。’慧宗之下，若能潜心修行，由慧入至慧行，开慧眼见慧光，从而得无上慧智，则可览前世、看今生、望来世，可为一隅、谋一域、略全局，足不出户而知天下事，耳不闻声可晓万世机，乃成安邦定国之旷世奇才。承慧之显，慧智真身不可称作师父，只可以师兄自许。”二舅说到这里把目光投向纳兰君，纳兰君从二舅眼中看到自己的目光已呈祥和之瑞，心中诧异。

止若忍不住问：“二舅，那第二个世局是什么呢?”二舅轻轻摆摆手，眯眯笑着说：“不说了，不说了，天色已晚，肚子咕咕叫了，你们要下厨做些好吃的，舅舅我才有气力接着讲啊。”小妖跃跃快语：“我来做，我来做，保证让二舅赞不绝口。”

用过晚饭，天色已然黑暗如漆，凤凰岭下，山风徐来，唯有松涛泛音。在繁华京城一域，居庸关前一隅，竟也有如此清静安逸之处，真是秦时明月汉时关，月映今朝关默然。二舅泡一壶姜糖茶，叫弘元也一起来坐，边斟边讲："这第二个世局嘛，就存在于我们每个人的身体，你们可对比第一个世局，举一反三，说说看？"

止若冰雪聪明，略一沉思，说："二舅，可不可以这样理解：如果把整个人体看作全局，那么肌肉、骨骼、五脏六腑等各个器官都是其中的局部，都是一域。把各个器官单独视为全局，器官的组成部分又为一域。如此细分下去，各个组织细胞均为一隅。此为局，对不对？"

二舅点头默许。小妖中医根基了得，立马接着说："阿姐说得对呀，这样的话血脉就是世喽，如果把婴儿的第一次心跳，直到临终的最后一跳看作是万世的话，那么每一次的脉动就是一时，血脉经心脏循环一次就是一世喽。此为世，是不是二舅？"

二舅竖指称赞，说："止若和小妖说得很好，人体即为第二个世局，其中机杼在于气，每一吸将氧溶入血，脉动送至组织和细胞，二氧化碳交换排出为一呼。人有生则必有死，天若有情天亦老呀，这是自然规律，这是道。但人可以没有病，可以长寿啊，此所谓地若无怨地长青呀，参透这个世局机杼，就可明慧体。慧宗之下，若能潜心修行，由康至健，凝神化气，聚力见功，从而得无上慧体，则可不以药剂，而手除人体之病厄，偏居一隅而传天下名，只为义诊已含菩萨心，乃成悬壶济世之旷世高人，因接慧宗之密，在世真身可称师父。弘元已是慧体，义诊治病即为本份。"

说到这里，二舅反问："那么人为什么会有病呢？"见大家均未吱声，二舅转头冲弘元："弘元，你给简单说说其中的因缘。"

弘元身体微倾，说："是，师父，我浅谈看法。人常有疾，分伤与病，伤乃外损，病由内生。具体讲，伤乃指外力对身体之所损，比如扎破了手，摔断了腿，崩坏了眼，喝伤了胃等等，只要肉体组织物理性未坏，调养即可。病却是内部之患，成因有三。一是受外界寒、暑、邪、魑等戾气所袭，属病毒性侵染，自身难以抵抗，即成病态。二是受七情六欲所扰，纠缠致郁，沉郁积淤，淤结致病，病由心生，顽症难除。三是由伤入病，五脏六腑之病，起初是伤，伤了好，好了再伤，久伤不消，以至入病，久病不愈，以至成癌。人体脏腑最易受情欲所伤。心，君主之官，火生，在体合脉，在液为汗，在窍为舌，在志为喜，喜极则心伤。肺，相傅之官，金位，在体合皮，在液为涕，在窍为鼻，在志为悲忧，悲忧则肺痨。脾，谏议之官，土垒，在体合肉，在液为涎，在窍为口，在志为思，思苦则脾弱。肝，将军之官，木长，在体合筋，在液为泪，在窍为目，在志为怒，怒生则肝衰。肾，作强之官，水出，在体合骨，在液为唾，在志为恐，恐惧则肾虚。人之病多出于此，所以灭火气，消悲气，止思气，和怒气，平恐气。气顺则心正，心正则正气盈，正气盈则邪气不侵。由此，人当然可以不生病的嘛。所谓疑难杂症，乃气、脉、心纠结成淤而已，药剂很难消除，慧体之人以功力化去淤结即是，此所以手到病除，如此而已。”

弘元稍顿，再次向二舅微躬身体，接着说：“师父多舛多难，功德无量，终成慧体之身，慧智之识，慧法之妙，苍穹之下唯此一人。弘元一心求法，半生孤苦，佛道双茫，因缘师父，得慧体衣钵，实乃三生有幸。今观纳兰君宅心仁厚，慧根自在，若得慧智，乃旷世之才。”

弘元讲完，二舅微微点头，小妖却禁不住问：“二舅，那第三个世局呢？”二舅轻轻一笑，说：“凡事可再一再二，不可再三再四，所以第三个世局此时不可说，此处不可说，彼时不可说，彼处也不可说。不立文字，不言之道，不语之教，如能直见于心，神元参透，可得慧法之妙，过目能诵，闻声即知，天文自明，地理自喻，博古通今，贯汇东西，出口成章，下笔成文，天机玄门，众妙尽览。好了，好了，说了这么多，也该考考你们了。”

二舅把身子向后稍仰了仰，分别看了纳兰君、止若和小妖一眼，说：

“你们三个闭上眼睛，把身外的整个世界想象成一个诺大的棋盘，自己当作其中的一个棋子，然后尽力去看。”

片刻，二舅说：“纳兰，告诉我，你看到了什么？”

纳兰君睁开眼，说：“芸芸众生，我看到了天下太平。”二舅点头。止若看了纳兰君一眼，说：“茫茫人海，我看到了纳兰对我的好。”二舅微笑。小妖迫迫地说：“一群人中，我看到二舅、纳兰哥和阿姐，突然又什么都看不到了。”二舅脸色一变，安抚说：“你还小嘛，年纪再大些就能看得更多了。好了，好了，身子乏了，北斗移位，也该休息了。”

次日，纳兰君一行离别二舅回到农庄，华仔和雀儿拥上来亲热个没完。止若和小妖商议着要去奥特莱斯买些宜季的衣物及用品，女人在购物时拣来拣去，比东对西，权把耐心作了耐烦，却总能在决定是否要去时，舍去犹豫，当走则走，转眼间两人竟开车出了门。

纳兰君一个人在园子里转来转去，有些了无趣味。看到东侧郁郁的丛竹，纳兰君想起了明朝王阳明格竹的故事，不禁莞尔。回到客厅，堂壁上挂着的是二舅手书王之涣的《登鹳雀楼》：“白日依山尽，黄河入海流。欲穷千里目，更上一层楼。”颜体中略带柳骨，笔力苍劲，直透纸背。纳兰君细细瞧去，恍然看到了行思大师的三重禅境：“看山是山，看水是水。看山不是山，看水不是水。看山仍是山，看水仍是水。”纳兰君信步走进二舅的书房，伺候好纸墨，洒下一首小诗《观自在》：

峰依晚霞岭不尽，
溪入黄河水更秾。
登高遥眺欲穷目，
山水自在山水中。

尔后从一叠古籍中，随意抽出一本，竟是《老子》，坐下来游走其中，慢慢入了静。

不知过了多久，房门轻响，纳兰君抬眼望，是二舅的身影。二舅要出趟远门，这次自凤凰岭过来，是要收拾一些随身的衣物。见纳兰君在读《老子》，二舅问："看到了什么？"纳兰君有些扭捏，说："有些似乎明白了，有些似乎又不明白。有些觉得老子说得很对，有些感觉老子又说错了啊。"

二舅则说："老子错了吗，老子没错呀，老子就在那里。老子没错吗，老子错了呀，因为你看到的不是老子啊！"

看纳兰君表情茫然，二舅接着说："听说过盲人摸象吧？其实这是个偈语故事，几个盲人摸象，你摸到了尾巴，心想原来大象就是根绳子啊！等你睁开眼，有人牵头大象来，你说这是什么怪物？人说是大象，你说不对不对这不是大象，大象亲手摸过的，是根绳子嘛。"

"大象错了吗，大象没错呀，大象就在那里。大象没错吗？大象错了呀，在你睁开眼之前，你看到的不是大象啊。同样的道理，在你能睁开你的慧眼之前，你看到的不是老子呀。"

纳兰君似有所悟，问："二舅，您这么一讲我就明白了，那么怎样才能睁开慧眼呢？"

二舅说："还是个偈语故事，秀才、农夫和屠夫是同村的发小，屠夫常笑农夫锄头破，整天锄地没粮吃，农夫常笑屠夫刀子钝，整天杀猪没肉吃，两人笑秀才穷书生一个，却整天操着皇上的心。三人聊天，农夫讲等哪天我当上皇上，就打一把金锄头来锄地。屠夫讲等哪天我做了皇上，就挫一把金刀子来杀猪。秀才说等他做了皇上，就让农夫的家里有余粮，屠夫的家里常吃肉，织布的阿婶有新衣，乡里的孩子能念书。农夫和屠夫一起说，秀才你来当皇上吧，我们都跟着你干！这个世上聪明的人很多，有智慧的人却很少，许多人天生聪颖，灵秀无比，终其一生却进不了智慧的层面，不是因为他们的智商不够，而是因为他们的德行不足啊。所以胸怀仁心、大悲同体，大慈无缘，是睁开慧眼的前提啊。"

纳兰君恍然若悟，说："我明白了，只有以祭为诲，以道为尺，以德为本，以仁为心，以义为乐，以礼为规，同体大悲，无缘大慈，这样大德大道的人才可能睁开慧眼啊。”

二舅大喜：“孺子可教！孺子可教！道随自然生，随自然灭，大道如一，独立而不改，周行而不殆，就在那里。慧随德生，慧随德灭，不躲不藏，不避不隐，有德即生慧，德失则慧亡。事事有源世世流，古是今的因，今是昨的果，今是明的因，明是今的果，时光永逝，因果未改。孩子，你慧根自在，慧光自透，可以学习王守仁，格竹去吧。”

08

纳兰君格竹

止若和小妖买了几身应季的衣物回来，在房间搭配着上下，对着镜子左瞧右看，再跑出屋反复问："纳兰，这件衣服好不好看？这件呢？这件好不好看？"纳兰君只是点头，敷衍着说好看好看，你俩穿什么都好看。心里却想不明白，何以春秋晋国智氏的家臣豫让，临死时能说出"士为知己者死，女为悦己者容"的话呢，而司马迁在给任少卿的信中又改为"士为知己者用，女为悦己者容"，真的是这样吗？那么，士用何以为知己？女容何以为悦己呢？

止若看纳兰君心不在焉，就没再去显摆打扰，晚饭时却问纳兰君心游了何处。纳兰君说二舅让去格竹，心里没谱，尚不知从何处着手。止若和小妖均知王守仁格竹之事，噗哧一乐，差点喷了饭。

止若打趣说："守仁格竹，格了七天七夜没格出来，反而病倒在床，二舅为什么偏偏让你格竹呢？"小妖说："是啊是啊，王阳明都没格出来嘛，二舅这不是欺负人嘛，干嘛非要格竹嘛，为啥不让你格柳、格榆、格槐或者格松树呢？"

纳兰君和止若这次真心喷了饭。纳兰君说："傻孩子，你也太可爱了。其实格竹、格柳、格榆、格槐或者格松树都是一样的，二舅让格竹是因为有守仁格竹这个典故，咱们园子里又有楠竹可以作表象。这么说吧，1665年，英国艾萨克·牛顿在自家苹果树下琢磨数理，落下一颗苹果砸到了他的头，他就开始不断地格苹果，最后慧眼洞开，揭示了万有引力定律。其实，如果砸到牛顿的不是苹果，而是桃子、李子、柿子或者核桃，他一样能格出其中的自然定律来，数理如出一辙啊。"

小妖点点头说："是啊，是啊，研究哪个具体表象不重要，重要的是，怎么把隐藏在表象背后的本质给格出来。"

纳兰君说："聪明，聪明。事物的表象背后，隐藏着物理的本质、数理的本质、哲学的本质、人文的本质，还有世局的本质，有的我们已经认识到，有的我们还没有认识到，认识并遵行这些本质的方法就是智慧啊。"

止若和小妖相视一笑，止若说："这下可难了，要消耗不少脑细胞的。"小妖接话："我和阿姐商量着明天要去妙峰山呢，二舅既然让你格竹，你自然去不成了。这样吧，我们回来时买些好吃的，晚上做些可口的菜，给纳兰哥好好补一补就是。"纳兰君自嘲："谢谢，谢谢，来个砂锅炖猪脑吧，没准这个管用呢。"三人笑不自禁。

日出各作其作，日落各息其息。晚饭时，止若和小妖见纳兰君神采奕奕，禁不住问："格出来了？"纳兰君轻轻点

头。小妖说："纳兰哥也太厉害了，这炖猪脑还没吃呢。"止若问："纳兰，为什么王阳明七天没格出来？你一天就格出来了？"纳兰君笑说："《百句譬喻经》有个吃饼的故事：从前有个笨人肚子饿了，连吃了六个饼没饱，便吃第七个，刚吃到一半，饱了。心想，早知道吃这半个饼能饱，就不浪费前面六个了。同样的道理，其实我所以能今天格出竹子，并不在于今日之功啊。"

说着，纳兰君舀一小勺猪脑，入口啧尝，点头夸赞："好脑好脑，含舌酥软，未嚼已化，精髓入腹，唇齿留香。"小妖眼光灵动，稍呈矜态。

纳兰君兀自舀过小半碗，接着说："王阳明乃旷世之师，早期尊崇程朱理学，年方二十格物致知，下决心穷竹子之理，格竹七日，劳思致疾，他格出来了吗，当然没有格出来呀，还没吃到第七张饼呢。三十四岁时，王阳明被贬至贵州龙场当驿丞，龙场万山丛薄，苗僚杂居，困顿之际，寡欲反省，夜间忽有顿悟：'圣人之道，吾性自足，向之求理于事物者误也。'由此提出心即理的命题，此乃'龙场悟道'。至此，阳明的竹子格出来了吗？当然格出来了呀，正因经历过之前心欲格竹而不出，才有了龙场悟道的心明格竹之理啊。"

小妖说："不行了不行了，不能听了，撑不住了，脑袋有些疼了。刚知道点儿加法，一下又说这么多乘法，受不了了，我去，这猪脑正好给自己补补。"说着拿勺舀猪脑。纳兰君和止若同乐："一起补一起补。"

睡觉前，纳兰君习惯性地背靠床枕，随手拿一本《清史》来看，窗外晚风吹拂，竹叶沙沙。止若依着床头说："清代郑燮有首诗叫'衙斋卧听萧萧竹，疑是民间疾苦声'，现在外面同样竹叶声声，纳兰你听到了什么？"纳兰君侧目，说："我听到了自然的声音。"止若手托腮底，笑着说："格竹的话题你还没讲完呢，我没事，我还能撑得住，接着讲讲呗。"

纳兰君一笑，说："是不是想问格竹之后的感受？"

"是啊是啊。"

“怎么说呢，其实很难用语言来表达，可以看作是那么一种状态，头脑恍然间进入格式化程序，一切清零，近乎于无，一切又就在那里，随生随灭，随用随取，信手拈来，言尽即去，这其实就是自然啊。”

“没明白。”

“天地无人推而自行，日月无人燃而自明，星辰无人列而自序，禽兽无人造而自生，为什么？自然嘛。老子知其然而不知其所以然，然也。现代的人知其然也知其所以然，同样然也。为什么？我们现在知道天地是因为引力而自行，太阳是因为核爆发光，月球是光线反射而自明，星辰沿轨道运行而自序，禽兽因细胞繁殖基因突变而自生，这些都不以人的意志为转移，地球上有没有人类这种动物，这些都在那里。人知其所以然或不知其所以然，这些也都在那里，所以同样然也。人类社会本身也一样啊，人之所以生，人之所以死，人之所以荣，人之所以辱，自然嘛。只要人类没有消亡，这些都在那里。所以，顺自然之理而趋，遵自然之道而行，人自正，国自治，然也。”

“受不了了，受不了了，脑子疼了，转移话题，转移话题。”止若拍拍脑袋，稍停片刻，说：“你既睁了眼，那用你的眼看这个世界，观这个世局，是个什么样呢？”

纳兰君说：“这就好玩了，说起来话就更长了，容我慢慢讲给你听。”纳兰君伸伸肩膀，开始滔滔不绝。

“人类文明的起点说法很多，在慧者眼里，是看到同伴死，内心对自然产生畏惧，共同萌发的首个规矩即‘礼’——不许吃同类！自此，礼出，德生，慧长，人类从此同动物界彻底脱离，人类文明开始起源。所以早在文字产生之前，礼就存在，德就存在，智慧就存在。于是华夏民族这支人类文明的一脉在发明汉字时，人们就把面对死者祈祷的神态象形成‘礼’字，之后演义众人的十目一心为‘德’字，意指遵从自然之心即为德。礼是畏惧自然而萌发的规矩，所以德随礼出。礼在外，可以具体显现可以直而观之；德在内，没有具体影像只能内心感受。德生则慧长，慧长在心德之上，心有德则慧现，大德则大慧，无德则慧灭，德性最高的人，才能心得无上的智慧啊。”

“人类文明起源自礼，随着人类发展，礼不断涌现而细化，延伸为各种习俗、规矩、规定、规章、制度等等，后来又依据违规之后产生后果的严重程度，对违规者给予轻重不同的惩罚，由此而产生了“法”。违礼可罚可不罚，须罚即为法，法为约定俗成，法多之后形成的项项律条即为法律。家有家规，国有国法，周有《周礼》，秦有《秦律》。犯法即为罪，初造‘罪’字时罪本‘自辛’，后以‘四非’为罪。法乃自然之意，国若自治须人守法，若人守法罪者必罚，所以天子犯法与庶民同罪，本乃法中之义。”

“‘礼’是最大的圆，其内囊括习俗、规矩、规定、规章、制度、法律等等，世界二百多个国家，每个国家各有各的‘礼’，在不断的发展过程中，也不断修改变化着各自的‘礼’。把所有国家的‘礼’叠在一起，其中完全重叠交集的部分虽然很小，却是地球人类共同认知和遵循的东西，姑且称为‘具有普遍意义的价值’。可能每种语言的表达方式不同，但其中的核心本质却是一样的，这个核心本质阴阳一体，一个事物两个方面，其发展趋于一个方向，最终会走向同一状态，如天地无人推而自行，不以人的意志为转移，不以宗教党派的意志为转移，不以国家的意志为转移，因为它是自然、是真理。这种趋于共同终极的状态，很难用文字来表达，如果勉强取个名，那么2500年前孔子称之为‘大同’，150年前马克思恩格斯称之为‘共产主义’，其他民族文化中可能也有不同的名字。异名而同出，其核心本质却如一，即每个人的全面而自由的发展，简言之‘人尽其才，各取所需’。”

“对此，孔子是这样描述的：‘大道之行也，天下为公，选贤与能，讲信修睦。故人不独亲其亲，不独子其子，使老有所终，壮有所用，幼有所长，鳏寡孤独废疾者皆有所养……是故谋闭而不兴，盗窃乱贼而不作，故外户而不闭。是谓大同。’而恩格斯是这样解释共产主义的：‘共产主义最根本的特征，一是物质财富极大丰富，消费资料按需分配；二是社会关系高度和谐，人们精神境界极大提高；三是每个人自由而全面的发展，人类实现从必然王国向自由王国的飞跃。’其共同点是一样的，每个人都能共同分享足以体面生活的物质财富，每个人都拥有平等的发展机会，每个人都能得到全面而自由的发展，其核心一样是‘人尽其才，各取所需’。”

“由人尽其才，从而实现人的自由而全面的发展，从而有颗自觉遵从自然之心，从而德厚而慧智，从而实现物质财富的极大丰富，为各取所需奠定坚实的物质基础。一物两面，正复为奇，由人尽其才，从而实现人的自由而全面的发展，从而有颗自觉遵从自然之心，从而从心所欲而不逾矩，从而在物质享受方面‘各取所需’而不是‘各取所想’。所以‘人尽其才’是‘各取所需’的前提，‘人尽其才’是实现‘大同’、实现‘共产主义’的先决与必要条件啊！”

止若听到这里，禁不住插了一句：“有时说实现‘共产主义’好多人不但不信，还认为是笑话呢。”

纳兰君说：“孔子及马恩提出的人类的走向及理想，如日月无人燃而自明，是自然，是真理，是无庸置疑的。然而客观变化若一日三秋，他们基于其时想象的‘大同’和‘共产主义’的实现途径和方法，必然和现在差之毫厘谬之千里啊，故去彼取此，然也。否则，岂不是刻舟求剑，本本、教条了吗？举个直观的例子吧。孔子时代有个愚者，说只要耳朵足够长眼睛足够大，某一天人人可为千里眼顺风耳。世人皆嘲笑之，说怎么可能呢！荀子说莫嘲之莫嘲之，千里眼顺风耳一定能实现啊，因为‘假舆马者，非利足也，而致千里；假舟楫者，非能水也，而绝江河。君子生非异也，善假于物也。’有线电话时代也有个愚者，说只要电线足够长，某一天人人可同月上的嫦娥通话呢。世人皆嘲之，说怎么可能呢。然而现在的客观事实是什么呢？一个手机在手，每个人都实现了千里眼、顺风耳啊。

所以从慧智的眼中看世界，人类同处一个世局之内，人如棋子，随自然生灭，国如棋局，随自然兴衰，时世长逝，因果未改，善果唯一，成因恒变，若要‘大同’，‘礼’就要随‘人尽其才’而设、而改、而变、而化，此乃自然，因中之因，众妙之门啊。”

止若说：“听你这么一讲，似乎一下清晰了许多，那么从经济学的角度看世局又如何呢？”

纳兰君轻舒一口气说：“刚才讲的是人，现在则涉及到物，只是人类经济行为太过复杂，先讲一点有关土地的问题吧。纵观中国历史，土地制度有农民所有、集体所有、国家所有等不同的制度形式，然而剔除战争和自然灾害的因素，不同形式之下，都存在着仓廪足和饿死人的现象，为什么？因为只要让真正种田的人，能自己决定种什么、自己决定怎么种、地上收益自己能够真正享有，土地的产出就能趋于最优，至于土地在谁的名下又有什么关系呢？而不同的制度之下，都有可以实现以上几个方面的途径与方式嘛。现代经济亦是如此，谁说私有企业就一定能搞好？谁说国有企业就一定搞不好？决定企业输赢的不在由谁来出资，而在企业的组织架构和运营是否遵循了发展的规律，这要分析起来复杂太多，一时也说不完，不说这些了，不说这些了。对了，你还记得我那个很厉害的师弟默西吧？”

止若侧头：“是做新兴材料的那个吧。”

纳兰君说：“对，他上个月去荷兰和美国与行业中最牛的几个公司做技术交流，刚刚回来，我们硕士的几个室友准备在司马暮迟那里给他接风，带上小妖一起去吧，也好让小妖多接触接触外面的世界。”

止若轻轻点头。纳兰君接着说：“你刚才说到了郑板桥的诗句，我也想起了一首诗，念给你听听。”

外面的风越来越大，纳兰君起身关窗，轻轻念了一首诗。止若侧耳，觉得甚好，却想不起谁写的，就问：“好似在哪听过，谁写的呀。”纳兰君说：“我也不知道，好像一直在那里，信手拈来而已。”止若以手背轻打纳兰君："讨厌，不给你说了，睡觉了。"转身背对纳兰君，片刻，又说："刚才那首诗确实挺好的，没记太清，你再念念嘛。"

窗外，风愈紧。

室内，灯灭欲静，诵吟声轻轻飘出：格竹。

夜来沙沙格竹声，
苍穹之下唯民情。
位卑何以忘忧国，
才德点滴一儒生。

09

谁是最屌的人

给默西的接风是由司马暮迟来安排的。

司马暮迟、纳兰君、默西和云非云是读硕士时同屋的室友。司马暮迟比纳兰君长一岁，睡在了纳兰君的下铺，两人攀谈起渊源，顿觉人生如梦。司马暮迟的爷爷是黄埔六期步科的，算起来是纳兰君姥爷正宗的师弟，上马能打仗下马可赋诗，解放后官至兵团级领导留在了京城。本科入学时司马暮迟是京城某校的文科第一，纳兰君是省里的状元，司马暮迟的分数却比纳兰君低了整整一百分，所以司马暮迟总说和纳兰君是一百分的差距。纳兰君却说差距而来的一致背后，才是地道的差距，话有些饶口，理却是人生常理：不平等而来的平等背后，是真正可怕的不平等。

默西最小，生在西部农村，省城上的本科，硕士考进来的，睡在云非云上铺。云非云来自浙江太湖边的书香世家，爷爷的爷爷的爷爷为清朝进士，家内祠堂供着的还有状元及第的祖辈。云非云也是状元身份进的北大，身材颀长，面若璧玉，琴棋舞特立独行，诗书画逆风飞扬。据说六岁那年，云非云的父亲在家宴请友人，饭后在院内凉亭饮茶，随之诗兴大发，琢磨出两句诗：“亭外万紫千红花，亭内五颜六色茶”。云非云在旁稍稍一顿，竟对出了两句：“花迎东西南北风，茶敬四面八方客。”众人无不惊叹，疑为天人。

这个世界怎么能有如此没有缺点而风情种种的人呢？还真有！云非云如同西门吹雪与花满楼合二为一的身影，纳兰君第一次见到云非云，即刻明了了，何为赏心悦目的意境，也深深体会了，什么叫自惭形秽的心情。于是当天写了一首诗《观云》贴在了宿舍的墙上：

晓镜觅觅觅佳颜，
但窥云影形自惭。
风情飘飘飘无尽，
春风拂面云非云。

云非云看过淡淡一笑，第二天也贴了一首《云渡》在墙上：

人生渡渡渡四方，
有缘难得渡同窗。
云非云云云一片，
众星闪烁云点妆。

天下怎么能有这样的人呢？还真有啊！自此两人成为莫逆之交。

无独有偶。李忆心是慕容止若的室友，念的却是中文专业。止若和纳兰君相恋时，每当纳兰君言语赞美止若，止若总说，你没见过李忆心吧，那是天下最优雅的女人，每每和她在一起，总觉得自己农村姑娘一般呢，于是纳兰君心里记住了李忆心这个名字。后来公开见到李忆心，是在学校的一次晚会上，李忆心跳了一段芭蕾舞《红色娘子军》里琼花的独舞，自是：

一袭红衣窈窈立，
缕缕碎影醉人心。
谁家女儿清如许？

疑是画壁幻为今。

于是每个人都记住了李忆心这个名字。云非云和李忆心的相爱，在大家看来自然是最自然不过的事了，然而最自然之事，往往有着最不自然的结果。毕业前，纳兰君全体室友去洛阳踏青，止若和默西的师弟张凯随行，李忆心却耽搁。大家开心赏花，唯云非云郁郁寡欢，独居不出。

晚饭时云非云吟了首《思心》的诗：

牡丹花开真国色，

洛阳处处赏花人。

吾独徘徊人不见，

不见花影不见心。

张凯悄声问默西："西哥，人和人差距怎么这么大呢？听不懂啊？何意啊？"默西浅笑："若想磨砺一个人就让他享有一次真爱，若想成就一个人就让他失去一次真爱。"张凯眨眨眼，自言自语："我去，人和人还真不一样，和师兄们在一起，怎么感觉自己弱智一般呢。"

一晃毕业十年过去，人各有志为志忙，事随志成志成事。默西转行跨度最大，最初在一家材料所上班，业余时间跟着司马暮迟炒股，很快挣得第一桶金，之后越滚越大，于是在上风上水的北郊买了幢近千平米的别墅。结婚后默西从材料所出来创办了自己的公司，投入巨资研发新型材料，有心终不负功夫，最终捣鼓出一种军民两用高新材料—银圭，可广泛用于航空、舰船等军事领域及建筑、市政、石化、家电等近百行业，代表着行业中最牛的技术。这次默西美国和荷兰之行，就是同世界涂层行业最著名的阿克苏和 PPG 公司进行技术交流。室友中默西最小，感情上同纳兰君最亲，默西的别墅有几间客房，纳兰君和止若常常留宿。临行前，在别墅给默西践行，酒到酣处，默西手提酒杯眼眶有些湿润，说："师兄，我心里有点发虚，不知这只脚该不该迈出去。"纳兰君拿杯同默西狠狠碰了一下，说："干了它。天下都知道有个'舌尖上的中国'，你要让他们知道还有一个‘技术上的中国’，虽然多少年了我们发不出这样的声音，虽然你这一声还很微弱，但毕竟是要发出来了啊！”

云非云的住处离纳兰君最远，但纳兰君去云非云住处却最多，因为纳兰君喜欢同云非云交流争论，擦出的火花，能明亮眼前的人生。而止若喜欢的，却是云非云的宅子，可敞着门，睡在院子里的家，京城能有几处呢？

云非云毕业后在一家知名报社做编辑，城里没买房子，却在一渡依山傍水的沈家庵之偏僻处，盘下一个诺大的旧林舍。舍前拒马河绕，小川竞流，舍后悬崖矗立，林木葱茂，院内一颗硕大的百年核桃树，高耸入云，繁枝茂叶招摇着南北的风，累累涩果待见着来往的鸟。树下一个瞧不出年头的青石磨盘，似乎天上掉下的一颗硕大棋子，棋面被岁月峥嵘了棱角，泛出整洁，平日里或做了饭桌茶座，或做了书几画案，甚或铺上被褥，干脆做了天地间一张可人的床。

云非云给这里取了个名字叫“云舍”，倒也贴切。

自从搬入，非云就辞了职，别人眼里做了闲云野鹤，自己却说忙得不可开交。纳兰君和止若第一次来“云舍”，止若问非云为什么不去上班呢？非云说为什么要去上班呢？所谓上班，不过是以出卖时间的方式，来获取生活所需的财富，可对于人生来说，时间是奢侈品，财富是日用品，拿有限的一点奢侈品，换一堆无用的日用品，我不知哪个更经济呢？

止若又问若没有日用品，你如何能享受你的奢侈品呢？非云说你这个享受二字用的好啊，财富若水，一个人一天只能喝三公斤的水，一年一吨，一生百吨而已。可人人都背了一个缸，拼命往缸里存水，有的装了数百吨仍然嫌少，喝得完嘛？背得动嘛？带得走嘛？我没有缸，腰里只拴了一个瓢，渴了可以以我最喜欢的方式来舀水喝，所以我不存日用品，而只享受我的奢侈品。止若无言，纳兰君笑，说非云你其实连瓢都可以不带的，没瓢你一样能喝水嘛。云非云亦笑，说君兄其实最懂我。

第二次来“云舍”，一幅刚写好的字晾在磨盘上，纳兰君静静读来，却是云非云的新作“寄居云舍”：

城中人攒动，远郊夜光稀。
心在忆林中，处处身可依。
农宅改云舍，权把鸟作鸡。
林深映书影，蝉鸣荫凉枝。
蛙跳岩湿处，花香惹人思。
无意似陶家，怎奈心不渝。
时时文中走，惺惺相惜惜。

止若说：“时时文中走，惺惺相惜惜，写得真好啊。”云非云背着手，若有所思，对止若说：“问你一个问题吧，历史上的文明古国，为什么埃及文明、印度文明、巴比伦文明等等都断灭了，而只有中华文明几千年一脉相承了下来？”

止若狡黠反问：“为什么呢？”

非云自问自答：“因为我们老祖宗留下的智慧，足以让我们能够应对所遇到的一切困难和挑战！如若应对不了，自然早就断灭了。”

纳兰君旁边鼓掌：“说得好，说得好，止若我也问你一个问题吧，我们老祖宗留下的智慧藏在哪了呢？”

止若眨眨眼，再次狡黠反问：“藏在哪了呢？”

非云说：“世上善有多厚重，恶就有多厚重。文化思想也是一样的，善的智慧有多深，恶的厚黑就有多深。我们老祖宗留下的智慧像珍珠一样，散落在各种充满污垢的文牍中啊。”

止若也鼓掌：“说得好，说得好，你说你忙得不可开交，原来是在找珍珠啊。”接着反问：“是要把找到的珍珠一个个擦拭干净，串成项链，变成国之瑰宝吗？”

纳兰君轻轻搂住止若的肩，认真地说：“非也非也，非云是想把所有的珍珠放在一个透明的珠子里，让所有的珠光合为一体，由此来照亮我们还未走过的黑暗的路啊！”云非云凝视着纳兰君，说知我者君兄也，纳兰君回惺惺相惜惜嘛，两人大笑不已。

广渠门内磁器口东是幸福大街，胡同里藏着一处拓展了的三进式四合院，是司马暮迟家里传下的。司马暮迟毕业后从未上过班，一直跟着家里的叔叔做证券炒期货，大盘涨也挣大盘落也挣，赢得钵满盆满，之后转行做了收藏。李忆心毕业时，经司马暮迟家人运作，在市广播电视台作了主持，和司马暮迟结婚后一直住在这里，孩子出生后辞了工作专心相夫教子。李忆心结婚前给司马暮迟提出的唯一要求，是要阅尽民间所有古书，所以司马暮迟家里只收藏两种东西，一是紫檀的书柜家具，一是各类的古书。

紫檀的家具好收集，价高即可得，要寻尽各类古书却很难，需要花大功夫。于是司马暮迟学了西汉河间王刘德，以市场价购买别人手中的古书，拿来后以旧抄旧，仿制一本，原书再还给原来的主人，这是李忆心的主意。收藏的本意不在古书的财富价值，只为保留古书传承的文化财富，于是四合院的藏书很快汗牛充栋。

四合院坐北朝南，宅门不大，入门是窄院，却也十分宽敞，两株石榴树下人工了小桥流水，走上青石的桥段，数尾锦鲤游曳桥下，隐秀了园林景致。大门西侧有倒座房五间，硬山顶合瓦皮条脊屋面，一概作了展室，清一色紫檀书柜，满室书香。游廊嵌入垂花门，石鼓柱础，青砖玉瓦，朱漆廊柱，雕栏玉砌。中院宽阔明亮，均为硬山顶筒瓦过垄脊屋面，西厢房三间作了书画茶室，东厢房三间作了招待的饭厅。正房三间是最大的展示室，堂内靠墙一圈高约三米的紫檀书柜厚重迫人，堂中挂一幅李忆心的手书“养心宅”。西侧耳房是李忆心的读书室，房前两株紫薇幽静庇荫，东侧耳房一丛密竹遮了通往后院的游廊。后院私密，一排后罩房是家人及保姆们的卧室。四合院是纳兰君这群室友聚会最多的地方，皇城之内，来去方便，院内僻静而优雅，厨师一手淮扬菜正宗地道，大家笑称这不是李忆心一家人的养心宅，也是大家的养心宅呢。

这次给默西接风也是安排在这里。

默西早早就来了，在西厢房与司马暮迟述说在美国的体会。纳兰君和止若带小妖一起来的，西厢房刚落座，云非云带一年轻貌美的女孩儿进来。云非云每次来这里，总会带一个女孩来，每次也都不一样。这次来的最年轻，自己介绍说叫绿绮，在广告公司做平面模特。

李忆心一如往日，骨子里透出的优雅，渲染着每个人。小妖和绿绮第一次来，忆心就以不同的茶点格外关照了。止若会意忆心的心境，主动带小妖和绿绮参观院内的摆设，摸着暗红的紫檀柜，翻着一册册的线装书，小妖和绿绮表情复杂。在西耳房忆心的读书室，几幅大小不等的行草书法散落于地，条案上尚有几幅工笔杂写意的小画，小妖惊诧，问止若是李姐姐的作品吗？止若点点头，小妖自言自语道：“天下怎么能有这样的人呢？”绿绮的脸上幻出不知如何表情的表情。

稍顷，司马暮迟招呼大家到东厢房落座。

东厢房内窗明几净，八个人正好一桌。司马暮迟岁数最大，又是主人，坐在了主陪的位置，拉默西和纳兰君分别坐在主副宾位。云非云坐在默西的下边，绿绮挨着非云坐下。忆心在最下面副陪的位置，止若挨着忆心，小妖就坐在了纳兰君和止若的中间。绿绮有些拘束，想移一下椅子好挨云非云更近一些，屁股欠了欠，胳膊使劲抬了几次没抬动，表情很是尴尬。默西打趣说："那椅子是紫檀的，重得很，一辆车钱呢，你若搬得动，就让暮迟兄送给你了。"司马暮迟笑而不语。忆心站起身，就近帮绿绮移椅子，说："默西说玩笑话啦，家具嘛，都是木头做的，贵贱一把椅子而已。只是今天的酒是暮迟收藏的 30 年的郎酒，平时不舍得喝，已经醒了两个小时，今天给默西接风，可以喝个尽兴。喝酒前呢，大家先尝了这清蒸狮子头垫垫肚子，这是张师傅的看家手艺，费了十几个小时的功夫的。"大家客气着，各种姿态品尝了面前的清蒸狮子头，衷心说好。

司马暮迟首先提议了三杯酒，倡明接风的主题，忆心吃素不喝酒，以茶代替。大家相互寒暄，碰杯酒敬，几番酒下肚，微醺中气氛越加活络起来。此时默西端着一杯酒站了起来，脸色绯红，稍有些激动，说："今天很高兴，谢谢暮迟兄和忆心的精心安排，借着暮迟兄的酒，我想说几句心里话。"

大家纷纷放下筷子，听默西说话。

"其实大家知道，做实业既辛苦又磨人，有出息的人都觉得做实业是比较没出息的事。可是这几年我一直坚持着做了下来，因为我心里一直有这么个梦，就是一定要研发出一项技术来，是真正的我们自己的品牌，在这个世界上能够是最牛的东西！出国之前，我心里还有些发虚，跟全球同行业最牛的荷兰公司、美国公司交流后，我可以拍着胸脯给大家说，咱们的东西至少领先他们十年！"

纳兰君带头鼓掌，大家随之，纷纷端起杯，酒敬默西。纳兰君喝完小杯，直接端起尚有半壶的分酒器，站起来说："我也掀个小高潮，喝个豪华的，敬默西师弟。1930 年，英国学者李约瑟研究中国科技史时提出了一个问题：四大发明产生于中国，为什么中国古代对人类科技发展做出了那么多重要的贡献，但科学和工业革命却没有在近代的中国发生？这一问，人称李约瑟难题，为什么会这样呢？”

大家默不吱声，小妖仰脸反问：“为什么呀？”

纳兰君说：“因为管制！管制是一切思想萌芽、一切科技创新、一切经济行为的头号敌人！要管理，而不要管制！管理的要义恰恰是让人感受不到管制的存在。管乃管制，理乃理顺，一个事物两个方面，疏堵必须结合，这恰恰又是老子无为而无不为核心思想层面的反映。中国在未来的三十年里，经济总量成为世界第一是可以看到的，但一个真正强国的崛起，仅仅靠 GDP 显然是不够的，更重要的，是要在科技领域、在文化思想领域能够真正引领人类发展的方向，而这些还有太长的路要走。我喝这个豪华的酒敬默西，是因为默西早已实现了个人的物质自由，他没有像别人一样去花天酒地、去吃喝玩乐，而是为了心中的梦，不断磨难自己，不断超越自己。默西成功了，是我们的骄傲，默西不成功亦然是我们的骄傲。如果我们国家的每个行业，都能有一批像默西这样的人，李约瑟的难题还是难题嘛？为此，我以豪华敬默西！”大家激烈鼓掌，各自倒酒，陪纳兰君一起敬了默西。

酒到这里，越加喝出了味道。云非云也倒了个豪华的，站起来说：“君兄说得好，说得好啊。顺着君兄的话，我也来说说同一个事情的另一方面。2005 年，中央某领导看望钱学森时，钱老说‘这么多年培养的学生，还没有哪一个的学术成就，能够跟民国时期培养的大师相比。’又反问‘为什么我们的学校总是培养不出杰出的人才？’这就是著名的‘钱学森之问’。为什么会这样呢？”

大家默不吱声，小妖仰脸又反问：“为什么呀？”

云非云说：“因为管制！管制有两种，一个来自于外部环境，一个来自我们每个人的内心。什么意思呢？我不知道大家走没走过空中的玻璃栈道，其实我们每个人都能平安地走过去，可事实是相当的人走不过去，甚至都不敢往上走，为什么？因为他自己的心管制了他自己。这个管制如同鸡蛋的外壳，从外部打破就成了食物，从内部打破才能唤出充满活力的生命。这里也借用君兄刚才的句式，要自由的心灵，不要管制的思想，自由的要义恰恰是解放了思想管制的心灵，这恰恰又是王守仁心学核心思想层面的反映。对自己心的管制，才是最可怕的管制，如果我们不能解放心灵的枷锁，钱学森之问将会永远这么问下去。为此，我以豪华之杯，敬每一个脱开了枷锁、实现了自由的心灵。”

酒桌上的气氛已是十分热烈。司马暮迟也端杯站了起来，说：“这杯酒我敬几位师弟，这几年一直忙于具体事务，同师弟相比，思想层次上有些差距了。”忆心接过话说：“大家酒喝得有些快了，多吃点菜，酒慢慢喝。暮迟这几年在云南、贵州等贫困地区筹建了几所孤儿院，涉及的方方面面都要亲力亲为，比给灾区捐次款复杂太多，也耗费太多的精力，只是暮迟也乐在其中。”司马暮迟摆摆手没让忆心再说下去：“一些不足挂齿的事，不说这些了。忆心说得对，大家多吃点菜，酒慢慢喝。”

桌上的素炸蘑菇清香软嫩，止若给纳兰君和小妖分别夹了一些。绿绮一直在低头滑自己的手机，和桌上的气氛有些格格不入。忆心特意给绿绮夹了不同的菜，绿绮没抬头，默默受了，继续滑手机。小妖递过来一杯茶，说：“绿姐姐，你的茶水凉了，给你换一杯新的。”忆心接手递了过去，绿绮低语了声谢谢，样子有些扭捏。忆心对绿绮说：“绿妹妹年轻漂亮，很是让人羡慕呢。”绿绮尚未回应，忆心话锋一转，突兀问了句：“绿妹妹喜欢非云师兄哪一点呀？”桌上一下子静了下来。

绿绮侧望云非云，说：“因为他很屌。”

众人莞尔。

绿绮接着说：“他不但人屌，才情屌，思想屌，连名字也很屌。”大家忍俊不禁。司马暮迟插了句：“他还很有‘屌’福呢。”司马暮迟话中有话，云非云脸上似笑非笑，嘴角咧咧，不知是要反讽还是欲默认。没等绿绮回过味，纳兰君顺势站起来说：“说得好说得好，这里屌人不少呢。来来来，让我们大家一起敬屌人一杯酒。”大家嬉笑着站起来，浅小的白酒杯、高脚的红酒杯和骨瓷的茶水杯，彼此错落着碰在一起，清脆的合声混着笑弥荡了整个房间。

回去的路上，纳兰君和止若一路聊天，小妖半天无语，似有所思。止若问小妖想了谁，小妖说吃太饱了需要静静消化消化，否则好些事弄不明白。止若说都一样嘛，他们谈的话题有些深了。小妖鬼鬼地说绿绮会消化得很好的，而且她现在真正知道谁是最屌的人了。止若问为什么？小妖开始笑个不停，说给绿绮换新茶的时候，顺势加了点身上带的巴豆粉做的泻香。止若笑骂着说你这个鬼丫头，追着打了去。

10

女容何以为悦已？

从“养心宅”回来，小妖就调配了自己的房间，明明温馨的闺房，用心摆弄成了书的世界。茶案前，床头边，窗台上，甚或抽水马桶旁，各自散落着不同的品类，掺杂着各样的版本。人，浸入了书的世界，书，慢慢就蜕变了人的言行。小妖的变化，是潜移默化的，也是相得益彰的，眼瞧着，眉目画点了舒展，言语软化了委婉，容颜流溢了风采。

止若说，小妖应该是恋爱了。纳兰君说怎么可能？止若说感觉不出来吗？小妖的自思自乐，吃饭时也是禁不住呢！人的出落，也愈发演绎了美感，而且近期还常常独吟李白的清平调呢：

云想衣裳花想容，
春风拂槛露华浓。
若非群玉山头见，
会向瑶台月下逢。

纳兰君说看来确实是如此了，只是恋了谁？两人判断十之八九是为着云非云。云非云至情至义，人中龙凤，虽然一直未婚，只是内心早有所属，止若担心这样下去弄不好最终会苦了小妖，纳兰君说事已至此只可疏不可堵一切随缘随份了，真可谓：

一枝山花情窦开，
含苞欲放为谁来？
莫言书有颜如玉，
但因诗书润玉颜。

果不其然，小妖说只听说一渡的“云舍”很好玩，还从未去过呢，央求止若找机会一定要带她去转转。缘分似乎是注定的，难以琢磨的，往往是如云变幻的心。刚刚巧的是云非云就打电话来，说深夜回云舍路上，一只猪獾，误跑误跌给车撞毙了，深埋了去，又有些暴殄天物，遂带回收拾了干净。今特意打电话来，请纳兰君和止若一起去尝尝鲜。小妖一听亮了眼，张罗着说这个猪獾务必要由她来做，定会让大家没齿难忘。

于是三人启程去了云舍。

除了纳兰和止若，云非云还约了另外两位好友。一个是京城高新医院的李玉珍。李家和云家祖辈生活在同一镇上，几代相熟，京城里也算是最亲最近的老乡了。李玉珍有一对双胞胎女儿，冰清玉洁，叫无忧、无虞，两人曾一起跟云非云学习琴棋书画。无忧瞒着家人在 KTV 做陪唱，夜场做公主时沾染了冰毒，直至形枯如腒，人若游尸。李家动用了一切资源，帮无忧戒毒终无所得，无忧不堪瘾作时的苦痛，最终于自家阳台坠陨，明明青春年华，却落得花瘦叶萎香消云散，让人唏嘘不已。李玉珍悲恸后决意开了一家中医戒毒所，虽无法再女其之女，却也仍可子人之子，将重生的希望，延续给别家的孩子。

前几日，李玉珍托云非云为诊所写一幅“东边日出西边雨，道是无晴却有晴”的中堂，这次带无虞一起来，主要为取这幅字。

另一位是李忆心的师兄左绕。左绕在中文系专修古汉语，精通甲骨、金文，《尚书》《大学》《孟子》等古文诉诵如流，学校时就与云非云相熟，毕业后在政府编纂地方志，也算学有所用。左绕曾痴心追求李忆心很长一段时间，为李忆心写了一本厚厚的诗集，结婚后出版了诗集，序言里款款深情献给了现在的妻子。学友们在云非云面前说起此事颇有微词，云非云说诗是左绕的诗，心是左绕的心，心属于谁，诗就属于谁，这有什么错呢？

云非云近期在深研老子，一直想就《道德经》同左绕深入探究一番，平日约了几次不遇，这回倒因了猪獾而爽快成行，不仅如此，左绕还捎带定居温哥华的同班同学张志杰及其爱人温思寒一同赴约。

小妖扎一短翘马尾，上身着清素紧身窄短的 T 恤，玲珑了酥起的胸，下身搭配修长蓝底牛仔裤，合着棕绿慢跑鞋，偏偏歪戴了一顶小帽，进了云舍，便入了厨房。止若长发及肩，一袭纯白连衣裙，披一柔细浅黄丝巾，淡雅素净，不显丝毫装饰。无虞则一身黑衣，将稍稍丰腴的身段，颜色得恰到好处。两人黑白互动，水墨了云舍的自然。无虞本就和止若相识，这次相见，更是禁不住上前拉着止若的手，嚷嚷说止若姐姐至清至纯，神仙一样的人物呢。止若脸微微泛红，说无虞妹妹才是年轻貌美，姐姐只是心中不装东西，面上不寻烦丝而已。李玉珍赞叹止若人清净言语也清净，都说女为悦己者容，其实女容本自为，何以为悦己呢?

云非云拿出珍藏的陈年普洱，招呼大家圈坐于院内核桃树下的青石磨盘，斟茶之余，将各自相互介绍了，大家彼此寒暄着品茶聊天。

无虞从未出过境，听说张志杰夫妇生活在加拿大，忍不住问一些异乡的风情。张志杰开始编配着词句，乃至滔滔不绝，说加拿大环境优美，气候宜人，自己和思寒在温哥华开了个汉语培训班很是轻松，那里社会福利好，人的素质高，城郊也经常有被撞死的动物，但人们会深埋路边，从不会拿回家吃掉的。言语中的丝丝得意，流露于不断提升的语调，温思寒用胳膊轻触张志杰，示意稍收些，张正眉飞色舞，尚嫌语犹未尽呢。

云非云笑笑接了口，说埋于土，埋于腹，都是一样的埋，物有所用，也算物有所值。人呢，不管在哪里，必然是参差不一、良莠不齐的，素质的高低，也不好以吃不吃什么去衡量。

张志杰面上稍显尴尬，左绕即刻接了话，说非云兄说得好说得好啊，志杰你不知道，非云兄雄才大略，精通诸子百家，注解过老子的《道德经》呢，你怎么能绕得过他呢?

纳兰君顺势也接了话，说左绕兄说得好说得好啊，志杰你肯定知道，左绕兄专修古汉语的，对老子也是深有专研，不妨咱们换个话题，听左绕兄给我们绕绕老子好不好?

李玉珍、无虞和止若一听都笑了，止若鼓掌说好啊好啊。李玉珍也随声附和，说道德经很难懂，无忧无虞之前常常提问道啊、名啊、阴阳啊、无为啊什么的，自己难以回答，若能听左绕阐解释惑，实在是不虚此行。

左绕目光轻扫，见止若无虞确实眼含期待，禁不住挺了挺身姿，嘴角轻轻一咧，对云非云拱手，说："非云兄，那我就云府卖'老'了"。云非云上前斟茶，说："你请你请。"

大家浅笑中，左绕娓娓道来：“其实道德经之所以难理解，一是古时字词数量少，同样一个字往往有着多种含义，理解起来容易引起歧义。二是古人写文章常常有意把要表达的意思埋了写。举个例子，曹操一次途经曹娥碑，杨修随行。石碑的背面题着‘黄绢、幼妇、外孙、齑臼’八个字。操问修：‘你知道这是什么意思吗?’修回知道。曹操说：‘你别说，让我想想。’走出三十里，曹操说：‘我知道了，你写出来看是否一致。’杨修写黄绢乃有色的丝织品写成字是‘绝’，幼妇乃少女之意写成字是‘妙’，外孙是女儿的孩子写成字是‘好’，齑臼为受辛之器盛纳葱、蒜、椒、姜、芥五辛，写成字是‘辞’，此乃‘绝妙好辞’。曹操叹，说与杨修相比，才能相差三十里啊。”

说到这里，温思寒插话说，左绕真乃才子，志杰与左绕比才能也是相差三十里啊。左绕拱手说客气客气，笑看云非云，说：“非云兄才是真才子，与非云兄比，左绕相差何止三十里啊。”

云非云回言：“矫情！矫情了不是?大家等着听你绕呢。”

左绕接着说：“其实最重要的，还是因为老子的《道德经》是一本不折不扣的哲学书，是地道的世界观和方法论，是朴素的辩证法，且辩证诠释老子所处的那个时代的观点论，我也是看了非云兄的注解后，重新认识了老子，重新认识了这本书。非云兄的书稿《老子眼中的道德经》我看了N遍，深以为然，这里我摘要性地陈述一下。

“有物混成，先天地生。寂兮寥兮，独立而不改，周行而不殆，可以为天地母。吾不知其名，强字之曰‘道’。”

“道之为物，惟恍惟惚。惚兮恍兮，其中有象；恍兮惚兮，其中有物。窈兮冥兮，其中有精；其精甚真，其中有信。”

“在老子眼中，除身边可以观察到的客观现象外，还存在着我们看不到的现象，老子称之为‘道’，我们今天理解为事物表象背后的本质与规律。这些本质和规律独立而不改，周行而不殆，无法单独表现出来，但必定会惚兮恍兮通过事物的现象展现出来，所以不管是能看到的现象，还是看不见的‘道’，人们都是可以认识的。”

“那么我们怎么去认识看得见的客观事物及看不见的本质与规律呢，老子认为是通过‘名’，即‘定义’来阐释的，‘无名天地之始，有名万物之母。’那么怎么来‘名’或‘定义’眼前的事物及背后的本质与规律呢，最核心的东西出来了：‘天下皆知美之为美，斯恶已。皆知善之为善，斯不善已。有无相生，难易相成，长短相形，高下相盈，音声相和，前后相随。恒也。’其中真正的字眼是‘长短相形’这四个字。我们是怎么来认识长和短这两个概念的呢？是通过物体本身‘形状’的对比来认识的。但长的和更长的比就成了短，短的和更短的比就成了长，‘一尺之捶，日取其半，万世不竭。’所以长和短是对立统一于一个物体之上的，既是长也是短，既不是长也不是短，有长的表现必定会有短的表现，二者的转化取决于对比的标准发生的变化。美和丑、善和恶、高和低、前和后等等等等俱是如此，只要是人们提出的概念，都处于这个状态当中，这既是世界观也是方法论。老子提出这个方法论后，以此来诠释时代及人生，比如治国、用兵、富民、为学、为道、为教、处世、养生、避祸等等。一些观点由于剖析的角度不同，未必适应于今天，但其基本思想包含的真理性的东西，比如‘以正治国，以奇用兵，以无事取天下’等等，必定是万世流芳！”

大家尚沉浸在思与想的转换中，纳兰君轻轻鼓掌，说：“绕得好绕得好啊，看来左绕已经深刻理解了非云兄的《老子眼中的道德经》，非云兄，难道你不补充几句嘛？”

云非云笑着说：“大家又拿我说笑了。其实认识身外看得到的客观世界，及其后看不见的本质与规律都是容易的。不容易的，是认识‘人’这个物体，以及‘人’之背后看不见的本质与规律。从老子的方法论来看，人本身也是一个对立统一的物体。一方面是理性的，即是非观引导下的利已主义者，所谓天下熙熙皆为利来，天下攘攘皆为利往，趋利避害乃人之本性，这也是微观经济学首要的假设。另一方面，人也是感性的，即好恶感支配下的情欲主义者，所谓爱一个人还需要理由吗？恨一个人还需要借口吗？理性和感性，既对立统一又相互转化，有时理性占了上风，有时感性又操控一切。明明是错的、明明对本人无益之事，他或她却义无反顾去做了，明明是对的、明明对本人有利之事，他或她却顽固抵制了，好恶感支配下的情欲主义，一样也是人的本性啊！”

云非云说到这里，大家尚懵懵懂懂之间，小妖从室内飘了出来，嚷嚷着菜已弄好，招呼大家进屋吃饭。纳兰君站起身，拍拍肚子说，人果然是情欲主义者，饿了想吃肉了。大家纷纷笑着起身，活动活动久坐的身体，互相谦让着向房间走去。

傍晚的云霞尚未完全落去，獾肉的香味已随着袅袅的薄暮弥漫了林间。小妖虽然是第一次以獾肉为原料来做菜，本就手艺高超，又提前做了功课，依獾不同部位肉质的不同，各弄出一份椒盐、一盘爆炒、一钵红煨，再配上其他的土菜野味，竟捣鼓出一桌轻易吃不上的美食。

大家落座，自然不自然中男人汇在了一边，女人汇在了一边。男人们本就相熟，很快以斗酒为乐，各自的嗓门也开始越来越大，几番酒后，左绕再次打圈，至张志杰处音调高了起来，说：“非云兄说得真没错，人果然是一体两面的，主要的还是情欲主义者呀，看志杰兄，吃獾肉吃得比谁都欢呢！”哈哈笑着同张志杰干了杯。纳兰君同云非云轻轻碰杯，说：“胸怀有多大，眼界就有多宽啊！”两人相视一笑，满满饮了去。

女人们把茶当作酒水，开始彼此有些拘谨，见男人们吃喝爽快，很快也说笑畅言起来，赞小妖菜烧得精美，各自交流着各自的手艺，慢慢地，话题就又集中在了女人自己的身上。

思寒与止若年纪相仿，先是夸小妖无虞年轻靓丽青春迫人，之后言语中更是羡慕了止若气色容华，肤若凝脂，追问止若的保养之法。止若笑说自己一贯随了自然，哪有什么保养之法，倒是玉珍老师对此颇有研究，不妨听玉珍老师传传真言。

于是女人们一起茶敬李玉珍。

李玉珍开始推托，最终拗不过，说："我说的也不一定对，仅供参考而已。对女人来说，'云想衣裳花想容'，哪个不希望自己标致亮丽，容颜永驻呢？然而事实却往往逆了人意，许多女性甚至连基本的健康都维护不住，更无须说'女为悦己者容'了，为什么会这样呢？其实老子的方法论，在剖析女人养生方面也是鞭辟入里的。"

"哦，这种说法，之前倒是没听说过。"温思寒疑惑相问。

李玉珍点点头，说："主要在三点，其一，女人自有温情，但女人最怕寒邪。现在社会，温暖都有保障，怎么能惹上寒邪呢？但事实确实如此。夏季烈日炎炎，身体热气腾腾，进入空调室内则是冷得发抖的环境，女性夏天穿得又少，有的还把腰段露在外面，寒气最易由此侵入，这叫'外寒内热'。另外就是冷饮，大热天身体冒着汗呢，带着冰块的冷饮，恨不得咕咚一下喝进肚，寒邪越过身体外表防线，直接进了五脏六腑，这叫'外热内寒'。女性胞宫等生理系统，依赖着血液的温养，遇到寒邪，气血就会凝滞，以上两种情形不断积累，冷痛凝聚，屡屡造成伤害，形成女性种种的病症。"

"其二，女人虽然月经，但女人最易淤血。女人的气血是否充盈，血脉是否通畅，是女人健康的关键。血遇寒则凝，肝失疏则滞，凝滞则不畅，不畅则淤血，淤血实则是女性各种难言病症的根结。"

"其三，女人天生多虑，但女人最需净心。现代社会，生活环境复杂，女人生来又敏感，精神压力大，心气不舒即为心魔，心魔即为毒，身有毒则气色不正，所以老子说'清静为天下正'，女人正颜须以净心为本。"

说到这里，李玉珍笑看止若："止若身体原本柔弱，所以能气色容华，乃因内心清净。"云非云过来敬酒，在李玉珍身后已然站了半晌，听到这里，不禁赞叹：“李姐说得真好，这让我想起了一首诗，一会儿写给你们。”

女人们纷纷站起来，挨个同云非云碰杯敬酒。

席终，李玉珍带了写好的中堂和新写的小诗满意而归，左绕替自己和张志杰夫妇分别讨了一幅字，也匆匆而去。剩下纳兰君一行，云非云诚意挽留，相约在云舍先小住几日，再看可否一起去参观云非云同另外一位高人朋友共同操持的“孔子陶园”，纳兰君同止若小妖沟通后爽快应诺。

送走要走的人，天色早已漆黑，星星比城内明亮繁多，四人在云舍随意散步，小妖禁不住问云非云：“怎么没见到绿姐姐呢?”云非云反问：“怎么，你想她了吗?”小妖小脸一红，没往下接腔，稍刻却说：“你写的那首诗我记下来了：

玉颜易逝蝶亦忧，

却说雨后花为蜂。

女容何以为悦己?

净心堪比华茂松。”

云非云嘴上说甚好，甚好，眼睛却盯着了天上不知哪颗闪烁的星。

11

你的愁是什么

能和云非云交上朋友的，一定不是寻常之人。因为云非云对“选择”是这样下定义的：选择和各行业最优秀、最有智慧的人在一起，一定是你最有智慧、最优秀的选择。

云非云的这位朋友确实非比寻常，在国内隐忍至深，却又高手如云的玉石界，他的名字早已响彻云霄。其自然自在之经历，更演绎了神话般的传奇，只是说者自说自画，传者听画传说，以至其本人，已然幻化为一件稀世之品，成就了巧夺天工。

王天俊，字懿品，号俊懿，三十岁得国内玉雕天工奖金奖，随之，获“中国玉石雕刻大师”称号，少年才俊，德品俊懿，除却玉文化底蕴深厚，对国学更是浸染默化，独辟识见。若干年前，一次偶然的聚会，或许是非云选择了俊懿，又或是俊懿选择了非云，两人相见如亲，相谈甚欢，遂成莫逆之交。只是俊懿独居桂林尧山之颠，而两人合办的孔子陶园又匿于桂林龙胜县的乌龙深山，非云也常常是一年难得一去一见。

飞机上，纳兰君和止若坐在了一起，小妖和云非云自然挨在了一处。

能和心仪之人相挨单处，是人生本就稀疏的美好时光的春宵。小妖抑奈不住的快乐和幸福，更加晶莹了吹弹可破的容颜，剔透了漆黑皎白的眉眸，纳兰君和止若也是第一次见到小妖如此靓丽、至美迫人的一面。止若紧握了纳兰君的手，两人对视微笑，心境通融。只是止若心间稍稍升起一丝愁云，忧虑了小妖用情弥深，最终落得伤心之至。纳兰君用手轻拍止若拢着的手背，静静地说："能够去爱，其实是幸福的基础。不懂去爱的人，哪知道幸福的滋味呢？爱的本义，付出就是福业，本无意于回报。小妖天资颖慧，即使情路受挫，也必会得悟真理，那时，心中情愫之灯自会芯亮不息，也定会与心仪之人相恋终生。"止若没吭声，轻轻伏下身子，把脸贴在纳兰君的手背，湿润了眼眶。

下飞机需要坐摆渡车，四人走下舷梯，一辆贵宾车已在梯旁候着。云非云抢先一步，同迎来的模特般的姑娘招呼握手，与纳兰君等简单介绍，是俊懿公司副总裁琪琪亲自来接机。

琪琪自见非云，眼光就流连，以至忘返，口中又讲着相熟的话，显然两人已是相识已久。当云非云介绍说纳兰君止若小妖第一次来桂林，琪琪更是善解人意，一路吐语款款，将桂林景貌及天俊公司描述一番，内容丰富，条理清晰，词准意达。琪琪纤修朗秀，又玲珑有至，远瞧疑似北方姑娘，实则姑苏枫桥人，一口纯纯的吴音软语，清轻柔美，口音与外形的反差，别有一番韵味。这让纳兰君想起了辛弃疾《清平乐·村居》的奇素之笔，只是哪里是"醉里吴音相媚好"，分明是"吴音好媚侬醉人"嘛。能有如此年轻而优秀的副手，不管是培养而出，焉或募招而来，足以见俊懿不凡法眼，纳兰君心中难得涌起一丝欲见之情。

琪琪引领一行人下榻于桂林榕湖南路的静观茗楼，此楼原是清中期台湾巡抚唐景崧的官邸"五美堂"，坐落于榕湖南畔，景色宜人，又距繁华的中山中路咫尺之遥，可谓闹中取静，温馨典雅。静观茗楼如今是桂林收藏家协会的会所，又是俊懿和一位酷爱哈雷的朋友合开的一家小型私人藏品展览馆。安排好各自的房间，稍事休息，琪琪带着大家一起去参观俊懿在这里展出的作品。

走进展室，大家一下就沉浸在美轮美奂难以言表的玉雕世界，从《自在》《和美》《爬客》《新生》，到《自由》《顽强》《仙螺王》《生生不息》，再到令人眼湿的组件《化蝶》，最后到震撼的冰种翡翠和钛金属合构而成的《冰蝴蝶》，可谓步步惊叹、步步惊奇、步步惊心。

琪琪围着冰蝴蝶，轻轻讲解了创作经历，最后悄声说，《冰蝴蝶》目前市值人民币约4亿元呢，大家瞳孔一亮，随之唏嘘不已。纳兰君从冰蝴蝶处拢回眼光，扭头看着琪琪说："俊懿蝴蝶的价值，只可意会，不可言传啊。"

展室最后的案台上，是一本厚厚的留言薄。纳兰君随手翻看着，上面多是些赞誉之词，零星夹杂着无法拥有的遗憾与自嘲。

琪琪笑言："写几句吧。"纳兰君抬眼望非云，示意非云来写。云非云耸耸肩，挑挑眉，伸手做出一个请的姿势，把球踢了回来。纳兰君稍稍沉吟了一会儿，提笔写了首《蝶变》。

匠手起浪绘沧海，
心溢文蕴画彩蝶。
独立金石弄潮儿，
具象捭阖喻国学。

云非云拍手赞喝："好一首词意俱妙的藏头诗，匠心独具，匠心独具啊！"

午餐安排在静观茗楼的顶层餐厅，从飘窗俯视，榕湖景色尽收眼底。俊懿从外面风尘仆仆赶回，琪琪接俊懿途中，已把纳兰君一行的安置及观览的细节作了诉说。俊懿直奔了顶楼，见到云非云，两人互击一拳亲热相拥。云非云一一介绍，俊懿嘴上客气迭迭，最后握着纳兰君的手久久不放，说："君兄大名，非云兄早在我耳边说出了茧子，一首《蝶变》，琪琪已然能诵，今日相见，荣幸之至。”纳兰君赶忙回语：“俊懿天生俊才，倾慕已久，倾慕已久啊。”大家笑着落了座。

桌上是桂林当地特色菜肴，俊懿挨个给大家夹菜，琪琪忙接了手。菜过三品，俊懿望着纳兰君说：“君兄嫂子和小妖妹妹难得过来一趟，这次来桂林势必要多住几天才好。”纳兰君尚未回语，云非云抬头接了话：“这次肯定会叨扰几天。”一顿，又转了话题，说：“刚才君兄已细细浏览了俊懿的一些作品，大家不妨听听君兄的高见如何？”大家放下筷子，目视纳兰君，静候君言。

纳兰君咂了口茶，稍思索了一下，说：“俊懿的作品，纷繁多样，我们有幸认真欣赏了一番，感受了玉石之天然之美，也领略了雕者的独具匠心。我想说的是，俊懿的作品，让我真正感悟到了大师与工匠的本质区分。”

大家静静听着，纳兰君望着俊懿，继续坦言：“或许，也有玉雕师，刀功会更加细腻，刻画会更加逼真，但俊懿的作品，让我体会到了这么一个意境，那就是：让文化在石刻中自然流露，让石刻因文化而熠熠生辉。为什么俊懿的许多作品，让我们不自觉地眼眶湿润？因为作品中积淀的思想底蕴，让我们感受到了民族文化自信的张力！而许多代表作中，一样积淀的无语的人文忧郁，更引燃了我们浓烈的、对国学真谛日趋衰弱的忧愁！”桌上一片寂静，随之掌声四起，大家拿茶来敬纳兰。俊懿对视云非云，轻语道：“高人，真是高人啊。除却非云兄，君兄最懂我啊！”

尧山是桂林的最高峰，冈峦起朔风，气韵育磅礴，遥露洒山顶，相看有奇绝。俊懿带纳兰君一行赶到山颠住所，已是夕阳欲坠，彩霞幻天。大家雀跃着掏出手机，360 度俯视着整个桂林城，以各种角度，取物取景，留影留像。

忽然，小妖手指天边，一声惊呼：“大家快看，火凤凰！”

只见西方彩霞幻影，凤头回眸，夕阳点成凤眼，躯体清晰可见，两翼微妙逼真，长长的凤尾，七彩了半壁西天。俊懿感慨地说：“尧山顶晴日碧空的时候本就不多，多少年了，火凤凰更是第一次见，所谓贵人来，有瑞象，纳兰君真乃贵人也!”

止若和小妖笑看纳兰，纳兰却把头扭向琪琪，手指琪琪说：“琪琪是贵人呀，俗话说得贵人相助，可鹏程万里嘛。”琪琪抬眼望俊懿，有些不好意思，转眼看非云，手抿嘴，轻言软语：“纳兰君说笑了，非云才是贵人呢，非云非云，哪里是云，就是贵人嘛。”云非云呵呵一乐，说：“不错不错，我是‘跪人’，我在这里给各位贵人下‘跪’了。”说着，单膝弯曲作下跪状，大家嬉笑不已，小妖迷离了眼睛。

晚饭后，大家坐在俊懿房顶露台喝茶聊天。皎月当空，轻云徐徐，凉风送爽，松涛阵阵，几个人也权把聊天当作了享受。

慢慢地，聊到禅修与国学，俊懿说自己在漓江边有一处近千亩的园子，有意打造成国内独一无二的玉文化博物馆，欲汇集天下玉石精品，儒家、道家、佛家、诸子百家，各馆相分，以件件风采迥异的玉雕作品，来展现国学思想之精华，只是不知该如何梳理，又该如何来表意，心中甚是愁楚。

云非云说是啊是啊，土地、资金及玉雕作品都不成问题，只是国学渊源深厚，庞博芜杂，碱砆混玉，鱼目间珠，能否提纲挈领、解句明篇地抽出其核心要义，又能以玉雕作品恰如其分地表意表理，真是难之又难，怎能不让人愁之又愁呢!

纳兰君笑说，非云兄你还有相愁之事吗？印象中非云兄从来是‘雄姿英发，羽扇纶巾，谈笑间樯橹灰飞烟灭’的人嘛。

云非云摆摆手，苦笑一下说，君兄你又说那话，少年不识愁滋味，爱上层楼，而今识尽愁滋味，欲说还休啊。

纳兰君不再言语，思索片刻，感叹说，玉文化博物馆之事可是一个大手笔啊！俊懿的情怀和抱负让人景仰，今日云形瑞祥，星象笃亮，非云兄、俊懿兄见识独到，思想层次百尺竿头，我们何不来个“思想众筹”，以“会当凌绝顶，一览众山小”的气度，提一提儒家的核心要义如何？

此言一出，立刻勾起大家的志气。非云握拳，同俊懿拳拳相抵，然后伸手示意说：“古有华山论剑，今晚我们斗胆来个尧山论儒，君兄先引个路，我和俊懿跟上即是。”

琪琪起身，悄悄给每人杯中添满茶水。

纳兰君咂口茶，稍放大了声，说：儒家思想博大精深，文化积淀沉厚深重，种种引义又歧路目迷、真谬互参，如若直抽核心，在我看来，儒家的真谛，在于它明示了人类社会发展的一般规律，明示了社会进步的必然路径，顺之则昌盛，逆之则衰落。个人认为，其核心要义分三个层次，我先提第一个层次，非云兄、俊懿兄接下即是。”

纳兰君稍停一下，接着讲：“儒家核心要义第一层次又分三点。第一点就是，要让所有的人都成为有知识的人！子曰：‘有教无类’。不论什么人，不论民族、性别、康残，都可以也都应该受到教育，都要也都能够成为有知识的人！什么是‘儒’？‘儒’就是有知识的人啊。孔子也是最早这样躬身实践、身体力行的，其学生贵族、平民、官奴各个阶层都有。那么，如何成为有知识的人呢？儒家又提出‘因材施教’‘教学相长’等等理念，进一步阐释了教与学的真理，至今依然振聋发聩啊。”听到这里大家纷纷点头，四周愈发寂静，似乎群山也陷入沉思。

纳兰君接着讲：“第二点，就是要让所有的人都成为有恒产的人！子适卫，冉有仆。子曰：‘庶矣哉！’冉有曰：‘既庶矣，又何加焉？’曰：‘富之。’‘富之’！说得多好啊！孟子又进一步引申：‘民之为道也，有恒产者有恒心，无恒产者无恒心。’什么意思呢？就是不论什么人，不论民族、性别、康残，都可以也都应该‘富之’，都要也都能够成为‘有恒产’的人！”纳兰君有意加重了这句话的语气，“让所有的人，都成为有恒产的人！儒家虽然对此惜墨惜言，却一样是其倡引的核心理念啊！”回音在山间回荡，众人眼光明亮，掌声雷鸣。

“第三点就是‘让所有的人都成为有道德的人！’儒家在这方面着墨最多，也揭示了为人伦理的一般规律。儒家看来，不论什么人，不论民族、贵贱、康残，都一定处于‘五种’人伦关系之中，即君臣（上下级）、父子（母子）、兄弟（姊妹亲戚）、夫妇、朋友等，这是谁也躲不开也离不了的社会人伦。为了‘让所有的人都成为有道德的人’，儒家提出了诸多理念，比如仁、义、礼、智、信、孝、悌、忠、廉、耻等等，来正向地尺度社会人伦的行为规范，只是在历史的长河中，一部‘真经’，却总是被各朝各代拥有发言权的，所谓的方丈、主持、高僧及和尚们，或歪篡曲解、或断章取义、或引向极端，衍射成束缚人们思想的‘枷锁’，其闪光的至真理念，被蒙上了层层的愚昧、封建、腐朽的外衣，混了人之耳目，怎不让人心痛而可叹！”

纳兰君稍顿一下，接着讲：“每个人都要成为有知识的人、有恒产的人、有道德的人，儒家第一层次的这三点，既彼此独立又内在统一，互融互生，相辅相成。这既应该是社会制度设计保证的方向，也应该是每一个人对自己短短一生的自省自励，是生命个体入世的自觉自赎。同时，儒家认为，每个人在自觉自赎的过程中，还应该承担起应有的社会责任、历史责任，其中最优秀的一批分子，更应该具有一番‘家国’情怀，当仁不让，这就到了儒家思想核心要义的第二个层次。非云兄，我把话先引到这里，第二个层次的核心要义，你来抽一抽如何？”

云非云站起身，向纳兰君抱拳作揖，说：“纳兰君说得太好了，真是听君一席话，胜读十年书啊！君兄真言精语，轻手拨雾般拂去了迷荡我们心中至久的霾，顺着君兄所引，我姑且谈谈儒家思想的第二层核心要义。”

“我觉得，第二层也分三点，第一点是‘天下兴亡，匹夫有责’，‘而天下之治乱，不在一姓之兴亡，而在万民之忧乐！’什么意思呢？就是我们每个人，都是社会的一个份子，都应该承担起应有的社会责任和历史责任。这个责任，决不是要对维护一时执政而担责，而是要对亿万民众的长久福祉而担责！”

“那么如何来担当这份责任呢？第二点，就在明明德，在亲民，在止于至善，也就是格物、致知、诚意、正心，修身、齐家、治国、平天下。通过格物，来明了事物的本质及发展规律，以一番诚意，一颗正心，为着民众的福祉，不仅修身齐家，还要从小家中走出，为整个社会的治理与发展，奉献自己的年华与才干，使国繁荣昌盛，使天下太平长久。”

“第三点，则是为了民族大义，勇于杀身成仁。子曰：‘志士仁人，无求生以害仁，有杀身以成仁。’孟子曰：‘生，亦我所欲也，义，亦我所欲也。二者不可兼得，舍生而取义者也。’历史长河中，为什么只有中华文明，几千年来一脉相传、薪火不息？不仅仅因为有老祖宗留给我们的，能应对一切磨难和挑战的无边智慧，光有这些是不够的，更重要的是，我们一直传承着为了民族大义，勇于杀身成仁的气节和风骨。正是这难以言表的气节和风骨，激励着一代一代优秀的中华儿女，在国难当头之时，在民族危难之机，能够前仆后继，‘杀身以成仁’，‘舍生而取义’，这也是儒家思想脱颖于诸子百家，其核心要义区别于佛学道家而引领中正的精魄，也是我们文化自信中最动人心弦的一脉！”

云非云话音刚落，阵阵松涛随风而至，似乎整个幽谷山林都为之动容！每个人都在鼓掌，琪琪和小妖更是鼓到了尽情。

等大家情绪稍稍回落，纳兰君接过话题说：“非云兄讲得精彩，讲得精彩啊！什么是民族大义？就是最广大民众的长久福祉！就是人类社会发展的共同的方向！历史的责任即将或已经落到我们这一代人的身上，那就是引领人类社会发展的方向！而这个方向，就是儒家思想第三个层次的核心要义，俊懿兄，你来提一提如何？”

大家把眼光又聚在俊懿身上，俊懿清了清嗓子，沉稳地说：“高人呐，君兄、非云兄真乃高人呐！顺着两位兄长所引，我觉得儒家思想第三层的核心要义，就是孔子描绘的人类社会发展最终进入的理想世界，即‘大同社会’。《礼记·礼运》是这样描述的：‘大道之行也，天下为公，选贤与能，讲信修睦。故人不独亲其亲，不独子其子，使老有所终，壮有所用，幼有所长，矜寡孤独废疾者皆有所养。’也即是每个人全面而自由的发展！”

“如君兄所言，儒家思想的三层核心要义，层层递进，明白无误地揭示了人类社会发展的一般规律，以此规律来进行制度设计，依此要义来治国理事，国家自然会走向兴旺发达，扭曲歪篡了这些本义，违反了这些规律，国家就会衰落曲折。我们文化自信的根扎在哪里？就扎在这里！这些年来，我和非云兄一直操持着一个孔子陶园，为着心中的家国情怀，也为着心中那模糊的梦，但在思想层次上，一直也没理清其后的理论支撑。今晚纳兰君说是‘众筹思想’，实则是君兄诲尔谆谆、循循善诱，明亮了我们心中的灯。我这番话之后的背景含义，琪琪小妖你们可能还理解不了，等明天我和非云兄带大家一起去参观参观孔子陶园，你们可能就会更彻底、更深刻地理解这些话的内在含义了。”

纳兰君端起茶杯，同云非云一起敬俊懿。纳兰君说：“俊懿兄的低调与谦虚，恰恰体现了自信与睿智。玉本来就是融美身心、辟邪正气的通灵之物，俊懿就是罕见的质朴美玉啊！有句话说得好，罗马不是一天建成的，等我们慢慢再抽出佛学道家及诸子隐喻的核心要义，俊懿再以巧夺天工的玉雕石刻系统地表现出来，那么这样的玉文化博物馆，将会是多么深邃而厚重啊！如此，愁楚还是愁楚吗?!”

云非云和俊懿端起茶杯，哈哈笑着，同纳兰君一起碰杯深饮。

此时琪琪于一旁流风回雪般接了腔：“上次非云过来，说好的要留下几幅墨宝呢，可惜最后酒喝得高兴，竟给遗忘了，这次可不能饶过了，下面书房笔墨已备好，请非云下去写一幅好不好?”小妖随声附和：“好啊好啊，我最爱看非云哥哥写字了。”

书房里，云非云屏心静气，运墨舒缓，写了首《你的愁是什么》。

那一丛薄山，那一方塘水，
你说是乡愁。
只是你的愁是什么？
为山的叠翠，水的柔净？

那点滴的古宅，数落的残塔，
你说是乡愁。
只是你的愁是什么？
宅中遗留的人迹，塔内蕴含的魂灵？

那化不开的乡音，转不尽的街舞，

你说是乡愁。
只是你的愁是什么？
腔腔绵延的生活，影影惊艳的蹉跎？

你说是的，
你说我说的这些都是。
你说还有很多，还有很多我没说的，
也都是。

你说，
魂牵梦绕的，是人之乡土的苍爱之恋；
刻骨铭心的，是乡土之人的黍离之忧！

12

孔子陶园

清晨的风如此清新，一如刚刚醒来的生命焕发出的热情，迫切地拥抱着周遭的一切。稀疏的赶路的车，一如寥寥早起的鸟儿，因为辛勤而享受先机。俊懿一行从尧山出发，沿着桂林至贵阳的高速，不及一个小时，就到了龙胜县匝口。出高速，婉转至龙胜镇，在浅山的东北角，一处“听蝉茶院”，院内古树参天，清静幽深，大家在这里小憩，喝茶聊天，等着俊懿的高中同学张剑飞前来集合。

与龙胜县西南相邻的，是三江侗族自治县，不属桂林而属柳州，两县都是国家级的贫困县。张剑飞刚刚从柳州调到三江任县委副书记，主管扶贫工作，早听说俊懿有个独特的“孔子陶园”，这次特地赶来一聚一览。

过了约定时间近一个时辰，张匆匆而至。一见面，忙连声道歉：“对不起对不起，这么多年习惯了坐车，今儿个周末，借了个车自己开，还不太习惯，迷了好几次路，耽搁大家时间了。”俊懿和纳兰君树下弈棋正酣，黑白子散落一片，俊懿正思索如何落子没有接腔。云非云同张剑飞本就相识，话中有话接了话，说理解理解，习惯了跟着走，突然自己走，自然会不习惯的，习惯了就好了。

小妖则在等待中，把墙角、树下、路边五颜六色不知名的花儿采了来，止若搭手一起束在瓶里，端放小茶桌上，野趣了插花的浪漫。生命短暂，然而等待，有时确实是躲不开的生活形态，那就试着享受这份形态吧。

顺着山路往东走，逐渐入了竹山腹地，山深幽之余，路愈发崎岖婉转，约两小时缓慢车程，到了龙胜县的乌龙乡。这是群山围绕的峡谷，植被茂密，山体峻峭，风光优美，人迹罕至。乡里盛产凤鸡，当地瑶族自繁自养，生长在与世隔离、群峰环峙的山岭，较少与其他品种杂交，血脉纯正，肉质细嫩香醇，外观却又十分清秀，凤头胫羽亮丽，体羽顺滑，尾羽、镶边羽色彩斑斓，真是乌龙有鸡堪作凤，养在深山人未知。

大家一路赶来，已过晌午，孔子陶园的负责人杨诤老师在最体面的“乌龙凤鸡馆”安排了一个包间候着。泊好车，俊懿领着一行人走进店内，不承想，迎面碰上凤鸣村的张书记。

张书记酱红着脸，一见俊懿和云非云，乐得眼睛眯成了缝，一把抓住俊懿的胳膊，呲着满口的黄牙嚷嚷说王总啊王总，总算碰上了，见你一面可难死逑了，今儿晚上老哥我请客，再喝点儿啊！给面儿啊！

俊懿笑说今儿我的客人可不少呢。

张书记晃晃胳膊说贵客、都是贵客，一块来喝酒，一个不能少啊，说着晃荡着踱出门去。张的身后跟着个小胖子，年纪轻轻小肚圆挺得扎人。云非云认识，是张的小外甥李玑。李玑紧随着张书记，没有同俊懿一行打招呼，边走边斜眼去瞄止若、琪琪和小妖，止若淡然无视，琪琪扭脸看了别处，小妖以眼神直回了厌恶。

饭桌上，俊懿将一行人与杨诤老师挨个介绍了，杨诤老师张罗着大家入座，说着乡下没啥拿得出手的、招待不周请别见怪的客气话，又匆匆去催后厨，斑白的双鬓已浸出丝丝的汗。乌龙凤鸡果然地道，小妖止不住啧啧称赞，云非云说民间的各类美食，其魅力就在于平淡中将滋味演绎得恰到好处，只是很多地方这方面的传承愈发稀少了。张剑飞频频点头，说广西深山里一些地道土菜的做法已经失传，很是可惜了。云非云一边介绍着凤鸡好吃的缘由，一边意味深长地说等看了孔子陶园，大家恐怕会有更多的感慨和念想。

孔子陶园位于乌龙乡的凤鸣村，离乡里尚有一段路程。凤鸣村除了凤鸡，还盛产鸡血石，又叫鸡血玉或红碧玉，是距今约10亿年前地质板块缝合带海底火山沉积的产物，目前在市场上是颇受欢迎的新玉种，也是俊懿公司的一处原料来源。除此，村后的川谷中还盛产一种红黏土，原本是碳酸盐岩石，经数万年的风化，土质纯净细腻，是上好的陶土。陶土自然堆积于河川，便于获取，明清时期乌龙地区就产黑陶，至今乡里还保有制陶的遗迹。

凤鸣村是乡里面积最大、人口最多的村落，西北角一处陡峭的孤峰下，有所颇具规模的小学，乡里新建的可集中住宿的中小学启用后，这里就废弃了。杨诤本是凤鸣村人，也是俊懿的远房亲戚，省师专毕业后一直在乡里教书，几乎没出过远门，平日或翻翻诸子百家古文诗词，或帮着俊懿从本地百姓手中收购一些玉石原料。数年前，俊懿带云非云来这里看鸡血玉，云非云与刚退休的杨诤老师一见如故，几次接触交流，提出了重振古法制陶的想法，同俊懿沟通后一拍即合，后经穿针引线，同村里的张书记吃了几次透透的酒，签了三十年的协议，把废弃的小学租了来。俊懿和云非云共同出资，杨诤老师负责具体管理，经过一番改造，经营起了产销精品黑陶的孔子陶园。

从村西小道缓坡上去，两棵槐树粗茂惊人，左边槐树的斜枝上挂着一口锈迹斑斑的钟，是以前学校的闹铃。右边槐树的粗枝上吊着一根光滑闪亮的铁柱，是孩子们的健身爬杆。闹铃不再鸣响，爬杆开始生锈，孩子们早已离去，随之而去的是热闹与笑声，留下的寂静倾听着枝头每夏的蝉鸣。

树后是几十间青砖灰瓦的平房围绕而成的封闭的院子。走进大门，所有人眼前一亮，只见空旷的院子中间，是一片满绿的草坪，正中一块鸡血玉的石座上矗着高约 3 米的黑陶孔子像，玉陶相衬，深邃着孔像的容颜。

草地上错落着一组组高低不等的彩陶和鸡血石雕制品，层次不一，却又主题分明，刻画的几组人物表情夸张又那么自然：几个孩童敞着怀在肆意玩耍，丢出的沙包定格于出手的瞬间；几米远同样衣型的孩童又正襟端坐，凝视手捧竹简的老者，神情专注于聆听；旁边是一组田间劳作的造型，弯腰插秧，扶犁赶牛，抱粮而还的人嘴咧得变了形；另一组是赶集的形态，或肩挑货篮，或提壶端水，或蹲地叫卖，携孩顾望的人扯孩的手爆出了青筋；再一组则是动静各异的群羊孤狗和树桩上的鸟巢。一切是那么惟妙惟肖，又是那么神情自若，这是手法多么细腻心胸多么豁亮的人，才能创作出的作品啊!

大家拿出手机，一片咔咔声后，追问俊懿和云非云作品的来源，两人笑而不答，引着大家继续到展示室参观。室内不同的展台上，摆放着各式各样的黑陶制品，星点的人物花鸟，点缀在诸多器皿中间，造型独特，做工精巧，质色乌黑，外表光亮，令人叹绝。陶器胎壁细薄，镂空的图纹匀称质朴，笔筒、烟缸等小巧的物件，既是实用品也是艺术品。

看着大家发亮的眼睛，云非云说："院里的那些彩塑和屋内的这些展品，都是我们陶园自己的工作人员设计制作的，这些只是其中的一部分而已。现在我就带大家参观一下生产流程，看看这些作品是如何生产出来的。"

第一间是沥泥房，房屋一角正运转着一个球磨机，一个健壮的小伙在操持，旁边长长的工作台上几个年轻人在揉泥，见大家进来，均没有说话，只是微笑着点点头。云非云介绍说，村后的陶土取来，先要过滤掉其中的杂质，输入球磨机中深度粉碎，使陶土更加细腻纯正。经沥泥、揉泥，泥浆变得柔和绵软，爽滑均匀，再揉摔成圆柱状，就可以进入下一道工序。

下一间是拉坯房，房间十分空旷，七八个年轻人，大的三十多岁，小的十八九岁，各自拉着不同的造型。止若和小妖跟着云非云问东问西，云非云介绍说拉坯成型是陶器制作的首要环节，这里的拉坯工，大多已有四五年的经验，但次次拉好也不容易。之后走到正在拉笔筒的小伙面前，说小李拉坯三年了，大家可以看看他的表演。小李抬脸笑笑，笑容纯真灿烂，算是同大家打了招呼，然后用钢丝切割出适量的陶泥，用力固定在拉坯机盘面的中心，随着泥盘的快速转动，双手合力拉出一个碗状，再从底部向外均匀赶压，筒壁逐渐上拉，形成笔筒的雏形。双手里应外合多次反复调整，筒壁薄至毫厘，表面垂直光洁，再用锥刀将壁口的毛边切割平整，最后以丝线紧贴盘面划过，坯体与盘面分离，一个笔筒坯体脱颖而出。小妖跃跃欲试，止若忙扯住小妖的手，跟着大家继续往前走。

接着的是修坯和雕绘房。这里房间很大，二十多个技工女性居多，各自忙着手里的活，神情十分专注，气氛静宜肃穆。大家进来后，也立刻安静了许多。张剑飞和纳兰君尾随着俊懿，低声细语地交流着。修坯工以专用刀具由外至内，从上到下，顺着坯体的曲线缓缓移动，依次刮掉坯体表面的糙皮，随着部位造型的不同，变换着不同的刀形，刀随手走，手顺坯游，所过之处，坯体愈加光洁、平滑。而雕绘工更为细腻，这是所有工序中最费事最精心的部分，按事先的设计，先在坯体上压出图案花纹，画出花瓣、花蕊、花茎、花叶，利用各种工具，巧妙出口径不同的圆口弧度，以特制的刻刀，将需要镂空的地方凹凸有致地一一刻出，下刀胸有成竹，一气呵成，曲线流畅而自然，之后将锯齿状雕痕磨去，通体光滑、润泽的坯器完美成型。

最后就是干燥、烧制了。各类坯体整齐地摆放在通风架上，自然风干其中的水分，然后一批批放入炉房烧制，温度控制在900度，炉烧12个小时，黏土和碳元素完美融合，即成“黑如漆、明如镜、声如磬”的黑陶本色。

参观完，大家到接待室休息，室内摆放着黑陶及鸡血石的精致样品，桌上的笔筒、笔架、茶杯、抽纸盒、镇纸等小物件，均是手工黑陶，美观而实用。止若和小妖第一次看到这些，十分新奇，拿在手里把玩，赞不绝口。此时，杨诤老师唤来一个同小妖年纪相仿的女孩，给大家斟茶倒水，介绍说是自己的外孙女阿箴。阿箴清丽端正，依稀李忆心的影子。小妖对望了一下止若，上前去，拉了一下阿箴的手，帮着一起倒水。阿箴没有言语，露出白白的牙齿，灿然微笑，倒完水，静静走出房门。

纳兰君和张剑飞一路参观过来，未置可否，此时低头饮茶，默然不语。俊懿望着张剑飞说："剑飞你经历丰富，见多识广，说说感受如何?"张剑飞咂咂嘴说："这个茶不错，当地真正的野生绿茶，口感柔滑独特，香味特异质重，好茶好茶!"

纳兰君会意一笑，说："张书记的意思，是喝出了茶的独特之处，却并未看出这孔子陶园与别的黑陶厂有什么不同之处嘛，我也深有同感啊。非云兄，其中一定另有隐情吧，你们就别卖关子了，给我们说说吧。"

云非云和俊懿相视一笑，云非云说："让杨老师来讲吧，他才是这里真正的主人。"

杨诤老师诚挚地看着大家，感慨地说："不说大家可能都不会知道，这里的所有人员，从沥泥、拉坯、修坯、雕绘到烧制的技术工人，其实都是聋哑人，包括我的外孙女阿箴。"

此言一出，大家惊诧不已。小妖更是惊出言语："阿箴是聋哑人？怎么可能？她笑得那么美!"

杨诤老师接着说："说来话长，我的女儿女婿都是聋哑人，唯一的外孙女阿箴也是。为了照顾他们，我一生几乎没有离开过这里。这可能和遗传有关，我们整个县里，聋哑人占了残疾人的多数，也是山里生活最贫困的一个群体。几年前，我认识了云非云老师，把这里的情况给他一讲，他提出来一个想法，就是依靠这里独特的自然资源，筹建一个古法制陶厂，号召山里的聋哑人先到县聋哑人学校学习基础知识，然后到俊懿公司进行技术培训，最后再来这里上班。我的女婿女儿就是最早一批参加学习培训的，现在已是厂里的技术骨干。陶园的产品设计新颖自然，观赏性实用性都很强，供不应求，效益很好。现在厂子已改成股份制，王总和非云老师让出了大部分的股份，每个上班的聋哑人根据贡献大小拥有不等的股份，是陶厂真正的主人，过上了他们梦想的真正体面的生活。”说到这里杨诤老师热泪盈眶，向俊懿和云非云深深一躬，说：“感谢王总！感谢非云老师！”哽咽着不再说话。

云非云抚了一下杨诤老师的肩，接过来静静地讲：“陶园所以能成功，主要得益于这里的自然资源和俊懿的胸怀。前期的投资，是我和俊懿共同承担的，股份算是做慈善基本无偿让渡了出来。山里聋哑的孩子从县聋哑学校毕业后，先在俊懿公司免费学习培训，从设计到雕刻，自己选择感兴趣的工种，然后再来这里上班。我和俊懿把股份分成了几个层次，陶园的每个正式员工，不仅有相应的工资报酬，还可分得相应的股份，年底可享受分红。陶园产品受欢迎，效益比较好，主要得益于员工的用心设计和精心制作，现在产品规模和样式不断扩展，本县适龄的聋哑人基本都在这里解决了生活，还吸纳了不少周边县市的聋哑人。目前陶园资深的员工，有的已拿所挣在县城买了房，有的已和健康的异性组建了幸福的家庭。陶园还有个不成文的规定，每个员工每年股份分红所得的 10%，要捐给县聋哑人学校，作为对下一批最困难聋哑学生的助学基金。这里的每一个员工，心境都那么的敞亮，虽然他们是聋哑人，但他们心中的灯是亮的，所以他们能设计出、能雕刻出让人惊艳的作品。他们也是人生第一次，能用自己的劳动所得，来资助聋哑的学弟而感到无比的自豪。我们当时隐隐觉得，这可能也正是孔老夫子所倡导的追求吧，所以取名孔子陶园。昨天经纳兰君导引，明了了儒家的核心要义，现在想想，陶园其实是在无意中践行了儒家的真义：无论民族、性别、康残，所有的人，都能够也都应该成为有知识的人、有恒产的人、有道德的人！所以孔子陶园也是实至名归啊。”

听到这里，止若和小妖眼睛湿润了，纳兰君默默点头，张剑飞上前抓住云非云的手，说：“非云兄今天给我上了一课，此行启目醒脑，受益非浅，也让我更深刻地理解了为政的理念，晚上吃饭一定要多敬非云兄几杯！”云非云指着俊懿说：“应该多敬俊懿几杯才是，孔子陶园，俊懿功大焉。”

俊懿一拍脑门，接话说：“差点忘了，村里张书记晚上请吃，据我所知，是他的外甥李玑看上了这里，想把学校收回去改做民宿旅游，可这里也不适合做旅游啊。”

张剑飞稍稍一想，说：“这个我有办法，这里交通闭塞，确实不适合做旅游，也很难做起来，其中道理，晚上给张书记和李玑一讲他们就会明白。另外在三江县，我包片的一个贫困小山寨风景十分独特，交通基础设施也好，很适合作精品民宿，只是县里财政捉襟见肘，当地百姓又没有资金改造开发，可以学咱们孔子陶园股份制的做法，引进李玑这样的民间资本同当地百姓一起参股合作，互利共赢嘛，晚上见他们再说。”

云非云点点头："此书记非彼书记，一堵一疏，一善为多善，人间有正道啊。"杨净老师眉开眼笑，说："张书记和纳兰君第一次来，给陶园写几句话吧。"说着把大家引到铺着留言薄的书桌前。张剑飞提笔写下了"孔子陶园，人间正道"几个字，颜筋隐显，遒劲有力，大家鼓掌叫好。纳兰君有意推辞，云非云却执意相请，说："在陶园，君兄不留首诗，那怎么行啊，不说遗憾，这也不是君兄的作风嘛。"纳兰君推托不过，沉默片刻，写了一首七绝《心语》：

莫言意气发千丈，
心有侠情绕指柔。
沧海有径云帆去，
桑田无涯粟香留！

13

溇港圩田

纳兰君、止若带小妖回到阔别多日的农庄，华仔扑上来亲个不停，雀儿围着大家上下翩飞把歌唱到了黄昏，老冯夫妇品尝着捎回的桂花糕、香芋酥，不时乐皱了脸。二舅亲自下厨，煨了小妖爱吃的黄豆炖猪手，炸了止若口馋的焦香带鱼，蒸了腊鱼腊肉，配上新鲜时蔬，弄出满满的一桌八菜一汤，更难得陪着喝了几杯窖藏的老酒。饭桌上，小妖眉飞色舞，讲述着桂林的游玩经历及参观见闻，动情之处，老冯夫妇止不住抽纸拭泪。

二舅看纳兰君风采奕奕，气定神闲，轻轻点头："纳兰格竹，穷境而明理，已入慧门，若潜心修行慧入二种，慧行四法，假以时日，由静心入到慧灭入，由无所欲行、明理行、破幻象行到自在行，自可透视一切世局，参越众妙之门，慧智一宗则后继有人，这世上就多了一个点灯的人。"

小妖不解："点灯的人？点哪里的灯啊？"

二舅笑笑，说："点心中的灯啊，你没见这世上的人，虽然眼睛睁得大大的，却都是在黑暗中摸索着前行的吗？"

时光如梭似织，时事如棋似局，每个人都在属于自己的世局中忙碌着，为着生存、为着发展、为着享受。三者交织互生，彼此转化，相依相随，每个人又都在脱不开的世局中，为生存而烦恼、为发展而忧虑、为享受而沉迷。

一日，云非云微信纳兰君，说老家舅父过世，自己回去料理完后事，为着圆满舅父的遗愿，要在老家呆上一段时间，此时秋菊满目湖蟹正肥，希望纳兰君能过去游玩相叙。纳兰同止若相商后，决定不日携小妖一起去云非云家乡看看，只是没想到的是，云非云还邀了默西，更没想到的是，为工作从来朝五晚九的人，不仅相约而来，还带了两位澳州的朋友——皮特和瑞恩。

湖州吴兴织里，有个诺大的村落叫云溇，似一条起伏多褶的绣巾，横绵在太湖南岸，东西长约6公里，南北宽2公里有余。陈溇、洑溇、云溇、伍浦四条溇港南北穿境而过，东西两边的陈溇、伍浦和最南边的横塘，以宽宽的水道，使整个云溇村既与外界融为一体，又以水相隔自成体系。村内溇港与横塘融汇贯通，10余自然村散落其间，堤坝上密植了桑树，池塘蓄养了鱼蟹，浅水区是禾稻的田，旱地垄出整齐的菜地和果园，周边民居星罗棋布，村民舟楫穿行，俨然一片隐匿于都市的桃花源。

云非云的家是云溇村最阔最深的宅子，几代传下来，基石雕瓦沉淀出岁月的年轮，除此却又是村里人丁最稀少的一户。云非云孩儿时父亲去世，与妹妹云怡儿和母亲相依为命。父亲的影像在云非云脑中已成云影，自上学起，一直是舅舅承担着本该父亲承担的责任。

印象中，舅舅新婚后不久，舅妈就染疾而亡，舅舅再没续弦，将云非云和怡儿视同已出，遮风挡雨，百般呵护。云非云的姥爷，曾是晚清名震一时的陈溇村“五湖书院”的主事。舅舅自小在书院读书，后来学院被彻底损毁，姥爷被揪斗致死，舅舅暗藏的姥爷舍命保存的数千册古籍，成为云非云和云怡儿自小食用的“精神钙片”。

舅舅是云溇村最早开化而辛勤耕耘于商业的，八十年代初，撑着几只

破船，收集了附近塘养的鱼蟹、新鲜的蔬菜和村里女人手工的苏绣，贩到城里，再捣腾回村民所需的生活用品，几十年奋斗下来，已成地区首富，商贸涉及十几个国家，数百艘的船队游弋于世界各地的港口。在云溇，舅父是云非云最早叫出的，舅舅的形象，于云非云心中，其实就是父亲的形象。舅舅临终的遗愿，是在陈溇旧址重修五湖书院、在云溇旧址重建本觉禅寺，云非云继承了舅父的一切，圆满舅父的遗愿成为人生之必然。

云非云领着纳兰君、止若和小妖走进家门，默西在院内的香樟树下正襟端坐，表情肃穆又显出一丝不知所措，皮特和瑞恩却在旁边自在地喝茶聊天。原来默西刚巧早到了半日，云怡儿正在给默西画肖像呢。

云非云招呼一声，默西抬眼，以手嘘口，示意不要扰了云怡儿的心思。大家绕至怡儿身后，只见一双小手圆润无暇，水葱一般细腻白嫩，纸上参差简约的寥寥数笔，一幅黑白像，已勾勒成形，默西沉峻冷傲的神采跃然而出。云怡儿悄声说好了，默西吐口气如释重负，起身相看。纳兰君轻轻鼓掌：“画得太好了，默西的神韵恰到好处，似乎看透了默西的心呢。”云怡儿脸微微一红，以一丝羞怯应对了赞美，默西侧眼看去，眼中一池秋水。

本就互有渊源，从穿插介绍，到相知相熟，也就片刻功夫。云怡儿提水沏茶之时，默西开小妖的玩笑："小妖已是大美女了，该出嫁了，皮特和瑞恩可是澳州顶级游艇的设计师和销售商，十分年轻的钻石王老五，小妖你看上哪个了，随便挑！"小妖拿眼狠狠一瞪，挥拳打了去。

稍作休息之后，云非云带大家在院落顺序参观，假山池景，亭台楼阁，园林景致已羡煞了众人。在后院正堂，一幅色彩迥异的双面异色苏绣更让大家惊诧不已。只见远山层峦叠嶂，山下一青布中年和白衣少年正聚神而弈，旁边身披红氅的妇人微笑观望，附近两只家犬错颈嬉闹，草丛一狸猫欲走回眸，底下小溪潺潺，水中数尾锦鲤争相觅食。云非云介绍说，母亲年轻时手工的苏绣就已精妙绝伦，一手异色、异样、异针法的双面三异刺绣的绝活，让母亲的刺绣成为难求的珍品。妹妹怡儿从清华美院毕业后，不仅继承了母亲的一切，更独创了异线、异境、异色、异样、异针法的双面五异绣。这幅观弈图，就是怡儿五异刺绣的杰作，获得过全国工艺美术精品奖金奖，正反两面山水异境，人棋异形，鱼兽异态，草木异体，山水有远近分明之趣，人物显绰约瞻眺之熠，花草呈深邃招摇之情，鸟兽现玲珑亲昵之姿。

皮特和瑞恩惊叹连连："Oh，my god，my god！The hand of god ！"默西款款深情望着云怡儿，没有半句言语。云怡儿脸上泛出一丝红晕，低头以手轻拢云海，遮了星点的羞涩，似刚从画中走出，又正欲向画内而去。纳兰君禁不住赞曰："当真是十指春风，风情无限啊！"

晚宴云非云安排的是清一色的当地美食，"太湖三宝"是村里清晨刚下船的，做了清蒸刀鲚，素炒白虾和银鱼蛋羹。前村养的湖羊，自家种的白扁豆，做了湖式剪羊肉、扁豆焖肉。肉丝炒了李婶儿家的杜园笋，葱姜爆了张叔养的美人蚬，最后是塘里出的满膏满黄儿的太湖蟹，荤素巧配，琳琅满目，加上云非云舅父窖藏的茅台，大家大快朵颐。席间，云非云不无感慨地说："湖州曾经是著名的酒乡，北宋我们吴兴人朱肱著有《北山酒经》，是我国第一部制曲酿酒的工艺理论，列举了湖州十三种酒曲的发酵制法，可惜工艺都已失传，如今湖州竟然没有一款叫得出的地方酒，只好拿茅台招待大家了。”瑞恩操着半生的中文，顿顿地说：“茅台就好，茅台就好，不要太客气了。”大家乐得喷了饭。

酒过三巡，云非云兴致又起，招呼大家说：“湖州虽然没有地方的名酒，好在还有湖剧一直在传承，妹妹怡儿自小拜师学艺，连母亲都十分喜爱怡儿的戏腔呢。这样吧，今晚我来抚琴，怡儿来个《珍珠塔》选段如何?”说着，云非云以询问加请求的目光看着云怡儿。怡儿脸微红，低眉的一霎，风情出无限的纯，清音软语：“唱得不好，大家不要见笑了。”遂起身去里屋取了琴来。

纳兰君和默西酒喝得有些高，饭后大家喝茶闲聊之时，默西扯着纳兰君步出门，沿巷间小径，溜达到了村头的石栱桥。

溇港水似镜，太湖月如钩，绵绵情愫起，侃侃诉清秋。默西望着水中的弯月，迷离着双眼，对纳兰君说：“师兄，我的心好乱，感觉这一生遇到了最完美、最理想的人，心中抑不住的飞蛾扑火般的情不由己，难道就是所谓的真正的爱情的滋味?!”纳兰君也盯着水中的弯月，摇摇头说：“不是的，这滋味不是，欢愉而已。每个人的婚姻都不是父母包办的，每个人的她，其实也都是心中那个她的影子。这世上花有千万种，姑娘就是一荐一荐的花儿，哪个最美？哪个最艳？哪个都是，哪个又都不是。见一个欢一个舍一个，再见一个再欢一个再舍一个，这样的心思和行径，若打着爱情的幌子，真真亵渎了爱情的本义。”纳兰君抬头望着轻云遮蔽的弯月，接着说：“什么是爱？无意回报、无私付出才是爱，就像父母对自己稚嫩的孩子。什么是情？一生守候、不弃不离才是情，就像孩子对自己年迈的父母。害羞的姑娘常有，羞涩的女子绝少，会羞矜的女人，才最具风情。云非云本就人中龙凤，云怡儿更是娇若芙蓉出绿波，才艺湿身，风情万种，谁不心动呢？只是以欣赏和祝福的心境，来替代拥有和欢娱的心动，才是真啊！”默西沉默半刻，说：“师兄，我承认你说的都对，可我心中，仍然是蠢蠢欲动啊。”纳兰君搂着默西的肩，悄悄地说：“其实我也一样啊。”两人扶着肩笑得直不起腰来。

笑毕，纳兰君说：“不如这样吧，咱俩跳入水中慧灭一下吧。”说完拽着默西从桥头跌入溇港。

次日下午，云非云带着一群人在村落间四处观览，走到陈溇五湖书院旧址，淹没地基和柱石的荒草上，夕阳斜照，刺出大家眼中的无限凄凉。云非云指着破损的柱石说：“五湖书院，是清朝同治年间乡民筹资而建，太湖三十六溇独此一处，近百年中，背负着“让所有的人都成为有知识的人”的信念，书院在溇港地区一直传承着民族的文化，可惜在近代湮灭了，文化泯灭了，自信也就泯灭了，所以舅父要重修书院。只是这块土地已转入私人手中，重新规划审批，尚需时日。本觉禅寺也是如此，报批起来，难度更大。”

皮特深有感触地说：“中国文化的厚重让人难以至信，一个湖边村落的书院辉煌时，整个澳州还未开发呢！只是为什么要钟情于重修书院和禅寺呢？其实我觉得，溇港圩田本身就是你们独有的文化传承啊。”

云非云冲皮特竖大拇指：“书院和禅寺是一定要修的，这不仅仅是舅父的钟情。皮特说的很对，溇港圩田本身就是我们先祖适应自然，改造自然，实现人与自然永续发展的文化传承，是一种文化自信。今天太晚了，明天我们乘舟游览，到时君兄、默西师弟咱们再细聊这个话题。”

晚饭后，大家怂恿云非云到书房写字，云非云写了“苟日新，日日新，又日新”一联，这是《礼记》中汤之《盘铭》。云怡儿写了“彼岁忆，岁岁忆，此岁忆”来应，却是自己的首创。默西鼓掌赞叹，说：“真是太好了，对的好，写的也好！怡儿妹妹，昨晚纳兰师兄为你作了一首诗，他不好意思送给你，我来写给你看。”说着提笔伏案疾书。

纳兰君脸一红，望望止若再望云非云，手指默西：“这真是个狡猾的坏人！这首诗本意是描述默西的心境，没成想，却被他以我的名义送给了心境的人。”云非云口不饶人：“别描啊，千万别描，会越描越黑的，我来念念，《无缘兑轻寒》。”

风情是风吗？
风是风情吗？
如此柔的一片，
醉了我的心田。

跳一段独舞可给你？
缓缓绰绰，
碎影随意起，
可邀你一顾？
捧一掬清音可送你？
五百年，
只弹不唱，
唱唱何妨？

淡然是然吗？
然是淡然吗？
无意开花的枝，
谁的花满枝？

花瓣溅落，
泪攻心，
葬一份情禅为谁？
权把无语作无畏，

无缘兑轻寒，

画与你看。

晴天的太湖，水光潋滟。大家坐在游船上，从太湖经闸口进入溇港，沿水道徐徐前行。云非云手指两边，细细介绍：太湖南岸从来是广阔无垠的淤泥滩涂，2000多年前，从北方躲避战乱的先民来到太湖流域，为了能在这里生存下来，发明了防塌利渗保土的“竹木透水围篱”，采用复式断面的双层梯形结构的渠形设计，进行固壁护坡，终于可以在滩涂淤泥中开沟成渠、固土成堤，这是中国乃至世界湿地疏干排水技术史上最为浓墨重彩的一笔！开挖的沟渠，南北向的叫“浦”“溇”“港”，东西向的叫“塘”。一条条溇港伸向太湖，一道道横塘相间其上，这些梳齿般繁密的人工河道，构成棋盘式的溇港圩田。每个溇港在太湖入口处均设有涵闸，以此来调节溇港横塘与太湖间的水位。陆地之水可经此汇入太湖，太湖之水又可经此灌溉内陆，南来或北往，随天时而定，汛期则引水入湖，天旱则引湖补陆。

外围的圩堤上密植桑树养蚕织衣，塘浦中圈养鱼蟹，水田蓄育稻米，旱地种植蔬菜水果，高处则是民居，这样的“塘浦圩田”水系，形成完美的桑基鱼塘系统，既同外界相连相通，也可封闭自给自足。数千年来，溇港圩田运行良好，无论旱涝，滋润着这方的百姓生息繁衍，云溇村只是其中的一处缩影而已。

默西轻轻赞叹：“这样田园牧歌式农耕文明的杰作，真可与四川都江堰媲美啊！”

皮特和瑞恩一路兴奋，两人的相机闪个不停。皮特说：“如此科学、如此庞大的系统是几千年前人工挖成的，简直让人难以置信，中国的文化，像一幅览不尽的画卷，真让人羡慕啊！”

默西点点头说：“皮特说得很对，溇港圩田本身就是中国独有的文化传承。其实在国内每块土地上，都蕴藏着这样或那样富含祖先智慧的文化基因，只是有些早已埋没于泛衍的文化污垢与糟粕之中。近代，我们基于对国家落后的痛恨，为吸纳西方先进的东西，不但没有把这些文化基因传承下来，反而把精魄连同糟粕一起舍弃了。舍弃了自己的文化，就舍弃了自信的根，其实在这方面，我们本应最有资格自信的，然而现在，最缺的却是这样的自信，真是可悲可叹。”

小妖接口说：“我有些没弄明白，什么是文化自信啊？”

云非云说：“问得好！什么是我们独有的文化？我们的自信扎根在哪里？什么是我们应坚持的文化自信？什么才是能实现我们文化自信的正路？纳兰君，听听你的高见如何？”

纳兰君摆摆手，说：“岂敢岂敢，这么深邃的话题，我哪敢妄谈什么高见，说点儿愚拙的看法吧。”说完，闭目养神了半晌，然后开始慢慢剥茧抽丝：

“有史以来，中华文明数千年一脉相承从未断绝，笼统地讲，我们的文化可分为三个部分，其一就是以先秦诸子百家思想为活水源头的传统文化。‘问渠哪得清如许？为有源头活水来。’诸子百家经两汉经学、魏晋玄学、隋唐佛学、宋明理学到清朝朴学，涉及人类思想的诸多领域，穿插繁衍出诸多的文化理念，皆因这样的源头活水啊。还有，就是我们的先祖前辈，在生产生活中，无限智慧地顺应自然、改造自然，从而达成天人合一般的生产方式与生活技能，比如我们的二十四节气，四川著名的‘都江堰’水利工程，以及这里的‘塘浦圩田’桑基鱼塘系统等等。另外，就是我们的先祖前辈，以无限才情享受自然、享受生命过程中，独创的玉文化、瓷文化、茶文化、酒文化、书法、中国画、乐曲、戏剧等等。我们的传统文化，博大精深，难免菁芜混杂，几经摧残，却从来源远流长！”

“其二，就是在近代国家积弱积贫时期，我们在争取民族独立和民族解放过程中形成的革命文化，其中的精髓亦然体现着对诸子百家思想的传承。其三是新中国成立以来，我们在经济建设及社会治理的不断探索中，逐渐形成的和平崛起、和平发展的文化。这是在沉痛的教训中、在不断的试错中、在吸纳一切外来先进文化的过程中，绽开的奇异之花，只是花蕾已然成形，而怒放尚需营养和时日。”

“那么我们的自信扎根在哪里？什么是我们应坚持的文化自信呢？传统文化中，道家提出了认识自然、改造自然、适应自然的总的世界观和方法论，儒家揭示了人类社会发展的一般规律，佛家明示了生命个体脱离苦海的根本途径，兵家演绎了以奇用兵的内在逻辑，不同地区的先祖先民创造的让人叹服的天人合一的工程奇迹，以及不胜枚举的诸如‘自强不息’‘精忠报国’‘扶危济困’‘居安思危’‘止戈为武’‘协和万邦’等文化理念，这些蕴含的规律性、本质性的核心要义，过去是真理、现在是真理、将来亦然是真理，过去是、现在是、将来亦然是我们的文化自信！还有我们的玉文化、瓷文化、茶文化、酒文化、书法、中国画、乐曲、戏剧文化等等，其中对人类真善美的追求和至真至情的艺术表达，放在哪里都会熠熠生辉，当然是我们应坚持的文化自信!”

“为了民族的独立和解放，我不革命，就只能任人屠杀，我不赢得战争，民族就会失去生存的机会，为这样的社会责任、历史责任的担当，而挺身革命，而以奇用兵，而舍生取义，而杀身成仁，这种革命文化中不绝的一脉风骨和气节，就是我们能够战胜一切威胁和磨难的最动人的文化自信!”

“1949 年以后，虽然我们走过十分曲折的路，也跌过不少的跟头，但在人类发展史上，我们还是在最短的时间内，让地球上近六分之一的人过上了小康生活。虽然我们的发展，还有许多差强人意的地方，但我们始终在跨步前进，我们的船头引领着的，是人类发展的共同的方向——所有人全面而自由的发展！更为重要的是，我们探索并倡导的，一个大国和平崛起、和平发展的文化，彻底打破了世界强国的崛起必然要殖民或掠夺弱国的‘魔咒’，呈现出异样的文明之光！虽然这朵花还很稚嫩，但已足以让世人注目，而将来的绽放散发的芬芳，就是我们最引以为豪的，也是我们最应坚持的文化自信!”

“什么才是实现我们文化自信的正路？一堵一疏，疏堵结合。”

“善有多深沉，恶就有多厚重，善恶从来都是相伴而生。真理多耀眼，荒谬就多迷目，真善美常常被假恶丑拿来做外衣。堵住糟粕的污垢的漫延，荒诞和丑恶才不会浸染我们的灵魂。另一方面，需要更加注重的是，疏通我们应该自信的文化的传播。不仅要疏通向外的路径，更要疏通吸纳的渠道，要以最开放的胸怀，吸纳外界一切先进的成果，来改进自己、完善自己。然而学习他人，不是要成为他人，因为基因不同，你最终不可能成为他人，而只会迷失自己。一切的制度设计理应如此。唯此，我们文化的演化，才能始终成就我们的自信!”

纳兰君话音刚落，众人激情鼓掌。

皮特和瑞恩互相看看，一脸的崇拜。皮特轻声对默西说：“我开始明白为什么中国曾经是那么的强大，也愈加相信，中国未来可能会更加让人惊迷!”默西拍拍皮特的肩说：“我看好你哟，你很有慧眼哟。”

大家欢快的笑声与溇港一起，在晚霞中融合出一曲迷人的牧歌。

14

一把秘匙

云非云把京城的“云舍”托付给了纳兰君，这任务自然就落到了小妖的头上。既然替非云照看了云舍，自然就揽下了曾经来麻烦云非云的麻烦。所谓来的都是客，不相识的，茶水相迎，熟悉的，食宿相待。除此，小妖全把心思放在了对云舍的修饰上。

“云舍”屋里面是书的世界，小妖就把屋外装扮成了花的海洋。沿着围墙，是一圈粉红杂黄白相间的蔷薇，花儿小小却也朵密繁茂。入门处，植了两丛密密的迎春，周边是满眼淡素的兰草，其间偶尔的鸢尾，点出的那抹儿紫，显出不经意的招摇。成排的玫瑰，树一样的五角梅，花艳持久，是这里的主角。而避风向阳的两株绿牡丹，却是满园花儿的眼。

小妖把头靠在止若肩上，幽幽地说：“姐姐，花儿开起来真好看，人若像花儿那样就好了。”止若抚着小妖的秀发：“人心就是花儿呀，所以说心花怒放嘛。”

小妖问纳兰：“纳兰哥，这世上有没有一把钥匙，能打开所有的锁？”

“你说的是什么锁？如果是普通家门的锁，就没有这样的钥匙，因为总有一扇门是你打不开的。如果是世局的锁，那么当机就是一把钥匙。你说的该不会是每个人心中的锁吧?”

小妖眨眨眼，没再吱声。

云舍一如往日迎着不同的客人，这次是默西带了皮特和瑞恩来，同时来的，还有司马暮迟和李忆心一家。进院，默西、司马暮迟同纳兰君寒暄，见小妖与皮特、瑞恩相熟招呼，默西就嘻嘻开玩笑：“小妖妹妹，皮特和瑞恩帅得西洋镜一般，留一个帮你在云舍干活如何?”小妖白默西一眼，转身去迎李忆心。

李忆心抻着自己四岁的小儿子司马清，与止若款款相拥，然后指着迎上来的小妖对司马清说：“清儿，这是你小妖姐姐，叫姐姐。”司马清脆声道：“姐姐。”小妖伏下身，揪揪清儿的鼻子，说“真可爱!”李忆心满眼疼爱看着清儿，再指止若：“这是你止若阿姨，叫阿姨。”清儿看看止若，也脆声道：“姐姐。”止若、李忆心和小妖呵呵相乐，李忆心说：“止若妹妹容颜未改，清澈怜人，看起来与小妖姊妹一般，清儿和他爸一样最喜美女，童眼无遮，童心唯真，童言也自然无忌了。”

云非云的客厅透出书房的味道，一圈书柜列出一敞开的椭圆，沙发茶几散落其间，书柜中端，是云非云的隶书“绝学无忧”。清儿要缠着止若姐姐到院内玩耍，李忆心放了手，自己随意翻着云非云的书看。司马暮迟和默西是这里的常客，坐在沙发相向而聊。纳兰君带着皮特和瑞恩一边参观，一边介绍着满屋书的类别和渊源。小妖则拿出茶儿下的陈年普洱，静静给大家沏茶。皮特对汉字书法颇有研究，最后欣赏着云非云的隶书“绝学无忧”，感慨地说：“中国的隶书最有味道，‘绝学无忧’，意思也好有味道，不学无术，忧虑就少，是不是这个道理?”李忆心和司马暮迟对视而乐，默西说：“也对也不对，让君兄给你讲解讲解吧。”

纳兰君招呼大家坐下喝茶，小妖则悄悄退出屋去。

“中国文化博大精深，字义往往两可，‘绝学无忧’可说是非云兄一生之追求。”纳兰君手指书法说。

“老子说‘见素抱朴，少私寡欲，绝学无忧’。字面上理解似乎是与文化学问断绝，才能免于忧患。现实中也确实存在着文化人更忧郁，傻子更乐呵的现象。实则意思恰恰相反。在老子看来，这个世界是由看得到的现象和背后看不到的本质或规律组成的，那个时候还没有本质或规律这个词，老子称之为“道”。现象是无限的，而本质或规律却寥寥。对现象的认识我们称之为知识，对本质或规律的认识我们称之为真理。老子说：‘为学日益，为道日损，损之又损，以至于无为。无为而无不为。’什么意思呢？是说学知识会越学越多，因为它是无穷尽的。而掌握其后的本质或规律则会越学越少，因为道是可数的，如果你把涉及的所有的道都理解了，一切自然就在掌握之中，还有什么忧愁呢？这就是所谓的‘绝学无忧’。”

皮特挠头，不明就里，抬眼望瑞恩，瑞恩耸肩，一样的不明就里。默西说妙啊说得妙啊，司马暮迟没吱声，李忆心感叹：“这世上有几人能绝学，又有几人能无忧呢。”这时小妖探头，见客人们正低头喝茶，悄悄进来，扭捏着，趴在纳兰君耳旁说：“纳兰哥，我写了一首诗，还没想好题目呢，你帮我看看呗。”

小妖这样，倒是难得一见。纳兰接过，低头浏览：

满园的花我不知道
哪一朵
是你心中的影儿
或者，朵朵的随风
也招摇不出
你眼中的景

满天的星我不知道

哪一颗
是你不舍的钟情
或许，你仰望的微笑
闪烁的忧郁
就是你看的天空

满池的水我不知道
哪一滴
能洗去你久隐的痛
而你知道吗，水纹的次次涟漪
波动的无声弦音
都是我奢求的
与你可能的
一丝共鸣

谁，锁住了你无孔的锁
谁，化不成没有齿路的钥匙
谁，能打开为你敞的心房
谁，可解去房中我所有的忧伤

纳兰君说：“不错不错，好得很。没想到我们小妖还能写出如此美的诗。”

李忆心接过来细细品读，赞赏说：“写得真好，写给谁的?”小妖勇敢地看着李忆心的眼睛，坦然道：“给云舍的主人。”李忆心黯了眼神，喃喃道：“能有可送的人，你好幸运。”纳兰君沉思了一下，接话说：“诗的题目嘛，我看就叫《钥匙》吧。”

晚间，小妖欢欢喜喜下厨做了一桌丰盛的菜，纳兰君拿出云非云珍藏的茅台，大家边吃边聊，边聊边喝，彼此碰杯的酒含着彼此的心事。默西研发的高新材料——银圭运用于豪华游艇的涂层，防腐且自洁，不仅免除了保养之苦，还节省了每年不菲的开支。皮特和瑞恩想做银圭在欧洲的总代，默西尚未猜透欧洲的发展态势，蛋糕如何分不好确定，所以一直悬而未决。银圭材料可涉及的行业很多，默西想做行业的全覆盖，尚未找到有效途径，有些力不从心，而传统行业利益固化，又面临萎缩的风险，很难突破。司马暮迟在资本方面同默西存在着深度合作，但暮迟做事从来是锦上添花，躲闪了雪中送炭，但凡风险超出预期，必会抽身而退，唯恐殃及池鱼。所以饭桌上虽然觥筹交错，大家抒发着酒量却难以抒发情怀。

最后一道菜是当归羊肉，汤鲜肉嫩，大家边尝边赞小妖厨艺精湛，小妖看看纳兰和止若，低头没有言语。

纳兰君一边给大家夹肉，一边说："当归羊肉既是美食也有很好的药效，《金匮要略》有专门记载，羊肉温中补虚，当归补血缓痛，此菜可治脾胃虚寒、里急腹痛，对女人气血不足、男人中阳不振，效果都是不错的。当归羊肉这道菜，需要熬制五个小时才做得好，今天恰恰这道菜不是小妖操办，而是内蒙贾氏集团直接配送的，贾氏在京城仅凭这道菜，一年的净利润就将近 2 亿元人民币。由此可见，传统行业一样也是可以大有可为的，但用传统的方式做传统行业，也一定会死掉的，所以我们必须要对自己的思维'腾笼换脑'。"

大家听到这里惊诧不已，皮特悄悄嘟囔："一道菜一年两个亿，怎么可能?"司马暮迟盯着纳兰君说："君兄说说原由嘛。"

纳兰君笑着说："这是个很好玩的故事，内蒙的贾总最早和马云一起在上海推销第三方支付没有成功，回到家乡，在家族的帮助下致力于农业，联合控制了当地的家庭农场，改进了传统的羔羊畜养方式，使母羊一年一仔变成了一年三仔，提高了规模又极大地降低了成本。然后投资数亿元，在京郊打造了一个近十万平方米的中央厨房，羔羊在农场宰杀分拣后，直接物流配送到中央厨房，机器加工制作，流水成真空包装的成品——当归羊肉，经线上线下直接配送到学校、医院的食堂或家庭，即热即食，质稳味美，比自己熬制要便宜省时得多，自然是供不应求，每天十多万份的销量，利润2个亿自然是轻松自然之事了。当归羊肉所以能成功，实则是生产、制作、配送、销售整个链条形成了一个封闭的循环，而每个环节，贾氏又能以最低的成本控制出最高的品质，再以线上的力量铺展开来，成功已是谈笑，别人想模仿也是模仿不来的。”司马暮迟和默西点点头，彼此陷入沉思。

纳兰君说：“更好玩儿的是，贾氏又把所有享用当归羊肉的客户变成了自己的网民，诸如烤羊腿、烤全羊的硬菜，网上预支既可十分便宜地配送到户，而每年预支一定额度又可免费享用当归羊肉这道菜，其中衍生出的金融，再次膨胀了贾氏的扩张能力，多么有意思的一张网啊，大家想想，贾氏利用这张网又可以做多少别人不可想象的事啊。当归羊肉，哪是一道菜，分明一把钥匙嘛。”

纳兰君拿起酒杯，同默西、司马暮迟、皮特和瑞恩挨个碰了杯，一饮而尽：“当归羊肉一道菜而已，尚且如此，银圭是多么了不起的高新材料啊，以此可以做出多少了不起的事啊，为什么不创新出若干封闭的循环，让银圭成为科技中国的名片呢？”

默西拉着司马暮迟站起来酒敬纳兰君，说：“师兄说得好，说得真好！我们也是一直在琢磨，想顶层设计出这么个方案，但似乎卡在哪儿一直不甚明了，想突破传统，但走在传统的路上却打不开逾越的门。”

纳兰君说：“很多事就是这样。这么说吧，一个人、一个企业甚或一个国家，如果看不清未来二十年、三十年，甚或五十年整体的发展趋势，这个人、这个企业甚或这个国家一定会没落甚至会被淘汰。”

李忆心一直在静静倾听，此时叹曰：“有几人能看清这个趋势呢，世事无常，幻象遮眼，本意欲超凡脱俗，却不过是欲盖弥彰。”

纳兰君点点头说：“忆心所说皆是，所以清朝的陈澹然说‘不谋万世者，不足谋一时，不谋全局者，不足谋一域。’若想看清一时之发展变化，须理顺万世的轮转变迁，若弄清一域之趋势前景，须掌握全局的斗转星移。”

李忆心再叹：“万世如此纷杂，没有旷世之才，如何做到谋万世呢？全局涉猎之广，没有独到慧眼，如何做到谋全局呢？世局更迭，随变随化，人若沧海一粟，以一粟之力岂可力挽沧海？”

纳兰君说：“人若沧海一粟，所以众粟而成沧海，一粟动而众粟随，所以沧海可变桑田。世局轮转变迁，时变时化，看似变幻莫测，实则内有乾坤，如无数组合的密码锁，变化无限多，密码却稳恒，关键是你能否找到这样的密码！”

默西和司马暮迟对望而笑，默西笑说有趣，越来越有趣了。皮特和瑞恩面面相觑，皮特嘟囔说听不懂，越来越听不懂了。李忆心说：“我开始明白纳兰师兄的意思了，这世局虽然千变万化，但密码却恒定，掌握了密码，就能打开你想打开的任何世局的锁。”

司马暮迟神色凝重，说：“这个世界是永恒变化的，唯一不变的就是变化本身，哪里有什么密码呢！”

纳兰君笑笑说：“唯一不变的是变化，诡辩而已，这句话没有任何意义。其实道理很简单，变化的是我们能看到的现象，不变的是我们看不到的藏在现象背后的本质和规律，就是老子所说的道。任何现象都包含着本质，没有不包含本质的现象，也没有脱离现象而单独存在的本质，这几乎是人人皆知的哲学概念。然而隐藏于现象背后的本质不是单一的，至少有五种本质统一于现象之中，即物理的本质、数理的本质、哲学的本质、人文的本质和世局的本质。举个人人皆知的例子吧，苹果从树上掉下来砸到了牛顿的脑袋，牛顿从物体下落的现象中发现了物体间的万有引力，这种引力就是‘物体下落’这个现象的物理的本质。这个引力有多大？是可以计算出来的，可以用数学公式来表达的，这个公式是恒定不变的，这就是数理的本质。什么是哲学？哲学就是方法论，当物体下落的物理和数理上的本质被揭示后，人们开始运用方法论，设法创造出一个向上的力，在数值上大于地球的引力，于是人类就实现了像鸟儿一样飞行的梦。螺旋桨或喷气式只是方式的不同，哲学的本质是一样的。人类即使不存在，这些物理的、数理的本质一样在那里。然而只要有人类，人类社会背后一定存在着哲学的本质、人文的本质和世局的本质。物理的、数理的本质我们在各领域已揭示了很多，但哲学的、人文的、世局的本质，我们认识的尚少，而这恰恰就是我们要找寻的秘匙。”

默西说：“看来人真有第三只眼呀。”司马暮迟噗哧一乐：“哪有什么第三只眼，你以为你是二郎神呀！”纳兰君说：“第三只眼只是形象的说法而已，人们能看到的是身边纷繁变化的现象，而背后的本质是肉眼看不到的，但形象的第三只眼——慧眼开了，自然就能看到。”

酒喝到此，大家已均有醉意，皮特持杯来敬纳兰君，非要认作师父。

默西笑说师兄向来飘逸，皮特敬酒可以，拜师是真真难为师兄了，何况即使师兄愿意，止若嫂子也未必肯当师娘嘛。

大家冲着止若笑，清儿则学着皮特的样子往杯里倒了水，喊着姐姐姐姐来敬止若。李忆心特地倒了一杯红酒来敬小妖，眼神清澈而柔情，碰杯后轻轻说："能享受小妖妹妹的美食，感受小妖妹妹的诗意，是幸运的。我很少喝酒，这杯酒，一起来敬云舍的主人吧。"

送走司马暮迟一家，安置好默西、皮特和瑞恩宿住，小妖静静整理着书房，纳兰君和止若手挽手在院内散步。纳兰君问止若小妖的那首诗是不是代笔，止若说基本是小妖的思绪，自己只是稍稍润色而已，随后夸纳兰题目取的贴切，说自己也写了首，也叫《钥匙》，说着轻轻念了起来：

我锁了自己
一千年
铅华褪尽
孤独轮回
唯一澈清水潺潺
等待你的渴饮

那一刻儿，水流过
你搁的臂弯
那一刻儿，水映过
你恍惚的容颜
那一刻儿，水泣过
你渴求的双眼

那一刻儿
我的心如此沉静

静得和你一起倾听
阳光洒落的声音

你几世的流浪
缘成一把钟情的钥匙
打开的那处心房
洒落的
正是我们倾听的阳光

我终于化作一个蝶
萦绕着你
而你用你的胸怀
为我构筑了此生的舞台
让我在上面
尽情地舞蹈

15

以奇用兵之游刃有余

皮特和瑞恩离开云舍时，默西本意也是要一起离去的，只是无意中听小妖说要在此给二舅过八十大寿，默西就有意留下，既为帮忙也为分享。

二舅从来无意过什么寿辰，然而每每在庙里或在农场纳兰止若小妖准备了，也就顺水推舟过了很有意思的寿辰。八十岁，杖朝之年，耄耋之寿，小妖提议请二舅来云舍过，纳兰止若一拍即合。寿辰嘛，形式而已，亲情相聚，共享天伦才是内容，而内容往往又需要以恰当的形式来呈现，形式本身自然就成了内容的一部分。所以花甲耳顺之后，哪能不过寿呢？所以每每晚辈精心准备了，二舅自然也乐在其中，与大家一起共享着入世的快乐。

陪二舅来云舍的，是阿不、阿可。阿不，大名不可问，是哥哥；阿可，大名可不回，是妹妹。二舅早年云游浙江，在丽水龙泉深山救助过一位农妇，农妇病入膏肓已是无力回天，临终挣扎着跪床叩首，托付了自己一双幼小的孤儿。二舅将孤儿带回京城，安置在昌平曾救治过的王氏家，给孩子取名不可问、可不回，寓意独特，名义上也堵了众人好奇打听的嘴。王氏一生孤苦，上天突然送来一双儿女，喜不自禁，暗地托人办理了孩子的入户手续，每天哼着小曲养育着阿不阿可。阿不阿可聪明伶俐又乖巧懂事，对王氏生母般的亲昵，给王氏带来了无限欢乐。

阿不阿可生来风骨奇特，二舅除传吐纳之法还专门授予柔术，很快两人出落得俊俏灵秀，先后考入民族大学修学民间舞蹈。阿不毕业后留校从事舞蹈教学，与师兄洛桑独创“禅舞”，用悠扬的肢体语言将佛学的静虑心智完美呈现，开创了以舞蹈诠释国学的先河。阿可仍上大四，在全国民间舞蹈大赛中已获过金奖，平日二舅怕影响两人学业，很少带着一起活动，同纳兰止若也并不相熟，这次来，算是难得的一家人的相欢相聚。

阿不身材修颀，一身长衣对襟，光光的头皮微泛青光。阿可及肩长发挽了扣在帽中，长衣遮了羸弱，俏肩透着骨感，容颜清新宛约，雅淡得楚楚动人。二舅引见完，纳兰与止若心中感叹，时光真的是白驹过隙，印象中孩子一般的阿不阿可竟然已是俊男俏女。小妖见来了一个年纪相仿，却清泉般灵秀的姊姊开心得不得了，见面就去捉阿可的手，所握之物酥软如棉，小妖惊叹：“姊姊的手好软，松絮一般呢。”又去搂阿可的腰，手触之处柔弱无骨，更惊曰：“姊姊的腰好软，似棉糖一般呢。”阿可俏脸儿一红，身子自然间打了几个蝴蝶转，轻舞中躲了小妖距离。

小妖却偏偏不饶，一个腾空，鹞子过去，手依然挽着阿可的腰。二舅、纳兰君和止若哈哈而笑，纳兰君说：“小妖、阿可当真如手足碧玉，认作亲姊妹就是了。”止若笑言：“还用认吗？本来就是亲姊妹嘛！”二舅仰天而笑，手捋胡须，眉目间充盈着安祥。

寿宴安排在午间，小妖费了不少心思，除却最拿手的荤素搭配，二舅最喜的童子鸡，以小小的手术刀剔了全部鸡骨，又保持着完整外形，腹内充实葱姜蒜与香料，荷叶包了上笼焖蒸。二舅爱不释手的基围虾，个个挑了鲜活，淹在白酒里麻醉，待水沸至70度下锅白灼，最大限度保留了鲜虾体内的水分，出锅鲜红透亮，摆在盘中饱满如生，入口则爽脆劲道。止若也挽了衣袖，下厨帮着一起操持。

纳兰君和默西领着二舅与阿不阿可院内院外浏览云舍。二舅虽早前认识云非云，但云舍却也是第一次来，在客厅看到云非云的书法及满屋各类的书籍，频频点头，感叹说后生可畏后生可畏。

最后一间是云非云私密的书房，平日除纳兰君和止若，云非云很少让外人进。书房正墙，挂着云非云的行草“以正治国，以奇用兵，以无事取天下”，一边是汉末三国局势图，另一边是红军四渡赤水战形图。书房正中，一张长长的沙盘桌，呈现的是赤壁战后的三国形态。纳兰君说，世人都知道要以奇用兵，但如何才能做到以奇用兵，历史上似乎只有孙武、孙膑、乐毅、韩信、诸葛亮、毛泽东等寥寥数人真正实践了，云非云琢磨了许久，想揭出其后的核心要义，却一直没能捅破这层窗户纸。

二舅随意翻看了云非云的几处书稿，脸色肃穆起来，对纳兰君说：“此乃同道中人，天生奇才，日后必然造化惊人，造化惊人啊。”又笑着对大家说：“今天是个特殊的日子，你们先思考一个问题——河流的轨迹是如何形成的？午饭后，我们来揭揭这层窗户纸吧。”

话说着，小妖雀跃而来，招呼入席，大家丛拥二舅来到院内核桃树下的青石旁。宴席设在了平整的青石上，止若已在蛋糕上插了八根蜡烛，阿可小妖帮着点燃了，嚷嚷着让二舅许愿。二舅冥想了一下，轻轻吹熄蜡烛，默西引头大家热闹地唱起了生日快乐的歌，歌声中二舅为每人分切了一块蛋糕。

落座后小妖先把基围虾每人分了两只，然后整个盘子放在二舅面前，说这是寿星虾，余下的只能寿星吃。默西嘻笑说自己过寿一定请小妖做盘寿星虾，吃个痛快才行。

菜过五味，酒过三巡，默西单独酒敬二舅后掏出一只玉凤，说自己属鸡，这只玉凤品相俱佳已珍藏多年，务必请二舅笑纳。二舅笑咪咪接了合在手里。

止若取了琴来，弹了一曲《春江花月夜》，又与小妖合奏了《十面埋伏》，阿不阿可则合跳了段禅舞《莲间漫步》，算是分别送上的寿礼。二舅静静欣赏着，吃完了面前的白灼虾，虾肉已去，虾体完整如初，列在盘中似刚刚上桌一般。

二舅擦擦手，端起杯回敬大家一杯酒，说止若的琴里江水潺潺，听到了月下花开的声音呢，与小妖合奏的《十面埋伏》似有伏兵无数，含着刀光剑影呢。又看着阿不阿可说，佛祖灵鹫山拈花闭言，迦叶尊者破颜微笑，佛心印心，实相无相，自此禅宗妙法开叶，至六祖慧能顿悟妙心，成《六祖坛经》，禅意才如优昙婆罗花般散漫开来，阿不阿可莲间漫步，似要打开禅的门呢。

稍顿，又对一直沉思的纳兰君说："纳兰，你可有什么礼物送呢？"

纳兰君站起身，恭敬地说："二舅的传导及阿不阿可的禅舞使我稍有开悟，此刻想献上一幅书法。"说着止若小妖帮忙在青石一端铺展了纸张，纳兰君思索着运笔行楷了《禅舞人生》：

人生本就是场舞蹈

为何，还要以禅意来表达？

舞蹈本意是舒展
为何，如此多的人生会蜷缩？

不可问，只是我问了
我问砰然律动的心
什么是禅的韵味？
可不回，只是你回了
你用曼妙的身姿
诠释了静虑的感怀

我醒了，禅就是时钟的声音
我悟了，舞就是禅眨的眼睛
绵延的寿辰是祈祷的内容
而悟了的步履
就是禅舞的人生

大家鼓起掌来，叫好迭迭，二舅微笑点头。阿可亮闪着眼睛，眉目眼神了纳兰君，说：“纳兰哥诗写的真好，我替二舅收藏了好不好？”见二舅许可顺势收了作品，又对纳兰君说：“纳兰哥行书写得真好，抽空教教我呀。”小妖冰雪聪明，闪过来搂了阿可说：“这点事儿还用麻烦纳兰哥？我来教你呀。”

二舅哈哈笑起来，说：“不错，不错，都很不错。今天我也送你们一个特殊的礼物，能悟多少就看你们的造化了。”说着，饮下一口酒，手指桌上的童子鸡问：“小妖用刀剔了鸡的内骨，却没有破坏鸡的形体，小妖为什么能够如此，背后的本质是什么？”

默西接话说：“这同庖丁解牛游刃有余应该如出一辙，只是这一辙是什么就不清楚了。”

二舅点点头，又指着看似完好的虾说：“剥虾吃肉，却丝毫没有破坏虾的躯壳，为什么能如此？背后的本质是什么？”

阿不接话说：“这应该同小妖剔骨同出一辙，只是这一辙是什么就不明白了。”

二舅接着说：“饭前我问过你们，河流的轨迹是如何形成的？你们可有感悟？”

阿可眨眨清纯明亮的眼睛，接话说：“这似乎与小妖剔骨、二舅剥虾同出一辙，只是，我也不明白这一辙，辙的是什么呀？”二舅见纳兰君沉默不语，端起杯子说：“吃饭喝酒，吃饭喝酒，这个话题下午再细细剖说。”

饭后的茶水，止若和小妖直接摆在了云非云的书房里，二舅让纳兰君扫平了沙盘，再画出简易的中国地形图。纳兰很快在沙中勾出地图全貌，黄河长江委婉曲折，生动呈现。

二舅指着沙盘说：“河流轨迹的形成与庖丁解牛、剔骨存形、剥虾留体确实是同出一辙，而这一辙，就是以奇用兵的逻辑原点和哲学本质。这一辙是什么呢？就是向阻力最小的方向运动。河流的轨迹就是河水一直向阻力最小的方向运动而形成的，庖丁解牛、剔骨存形、剥虾留体，就是向阻力最小的方向运动而游刃有余的。以奇用兵的核心要义有三个层次，第一层就是向阻力最小的方向运动，十倍围之五倍攻之。举个例子吧，双方打架，两个人打两个人胜负的把握各占一半，若二十个包围两个，五人一组轮流攻击对方一人，取胜的把握几乎是百分之百。向阻力最小的方向运动，形成十倍围之五倍攻之的态势，就是战略层次的以奇用兵。”

二舅说到这里，看大家均在静静沉思，手指着东汉末年三国的局势图说：“来看三国的例子，刘备三顾茅庐最终得见诸葛亮，请教路走何方？诸葛亮隆中对曰‘今操已拥百万之众，挟天子而令诸侯，此诚不可与争锋。孙权据有江东，已历三世，国险而民附，贤能为之用，此可以为援而不可图也。’荆州北据汉沔、利尽南海，益州险塞沃野、天府之土，而荆、益州牧懦弱，阻力最小，若跨有荆益，西和诸戎，南抚夷越，结好孙权，内修政理，待天下有变，则命荆州之军向宛、洛，将军身率益州之众出于秦川，诚如是，霸业可成，汉室可兴矣。”

“赤壁战后数年，刘备依诸葛之计，占荆、益两州，取汉中进位汉中王，三国之势鼎立，大业初成，正当励精图治之时，关羽大意失荆州，败走麦城被杀。刘备为报杀羽之仇执意攻打东吴，大败于夷陵，毁掉蜀国多半生命精英及物力所储。刘备死后蜀国叛乱四起，国家摇摇欲坠，眼看着历史在面前错轨，诸葛亮也只能在刘备托孤后呕心沥血数年，才使蜀国得以恢复。所谓君子报仇十年不晚，刘备若能有越王勾践之心智，依诸葛韬略，不用十年生聚十年教训，世局必将重新演绎历史，由此来看，后来的刘备才是真正扶不起的阿斗啊。”

说到这里，二舅坐下来品了几口茶，见纳兰君手拿铅笔圈了三国图中的几处要害，知道纳兰对诸葛早有深研，就清了清嗓子说：“纳兰，二舅有些口干舌燥了，以奇用兵核心要义的第二个层次，你能不能给理一理?”

大家眼光引向纳兰君，纳兰绷着眉头说：“我姑且试试，不对之处还请二舅教诲。”说着来到沙盘桌，平了沙盘，勾出一处山谷，一处雁翅，一处八卦的形状。

大家围上来，纳兰君说：“以奇用兵第一个层次是战略方向上的，那第二个层次就是战术运用方向上的。怎么说呢？我们战略决策的前提是向阻力最小的方向运动，但在过程中，一定会遇到敌我相当甚至敌众我寡却不得不短兵相接的时候，怎么办？此刻能否达成‘十倍围之五倍攻之’的态势？当然可以！充分利用地形之利和阵法之妙，人为创造出综合战斗力平价中的‘十倍围之五倍攻之’的世局，就是第二层次也即战术层面的以奇用兵之策，这方面诸葛亮、岳飞、戚继光等是集大成者。”

见二舅频频点头，纳兰君指着山谷接着讲："用好有利地形，可以以一当十，居高临下设伏兵，可以歼灭数量相当之敌。在有限的断面短兵相接，雁翅阵即开即合，可以在断面形成'十倍围之五倍攻之'的局势，吞噬掉大于自身两倍之敌。在铺展的地形中，八卦阵则是八个雁翅相依而成，旋转而行三千精兵可以吃掉一万之敌。"说着在沙盘中分别演绎了雁翅阵和八卦阵的运用功效。

二舅十分赞赏地说："甚好甚好，纳兰所言极是。以奇用兵战术运用的重要性与第一层次一样是不言而喻的，在特定的世局中，反而更为紧要，其中的精妙更需潜心修为。"

小妖过来轻捶着二舅的肩膀，扭头问："二舅，那第三个层次是什么呀?"

二舅摇摇头说："以奇用兵第三层次是最高境界，择机而动则可不战而屈人之兵，实乃善之善者也，只是天机不可尽露。不说了，不说了，天色不早了，还要带阿不阿可回城，择机再叙吧。"

默西上前给二舅续上茶水，恭敬地说："二舅，您的传导我似乎有些小悟，以奇用兵之策运用于商业是否需要择机择地而行呢?"

二舅知晓默西的一番成就，从怀里掏出玉凤说："兵有兵策，商有商道，本质规律不同，二者自然不可同语，只是你若能寻得游刃有余之地，也可有一番大的作为，这只玉凤我已加了功力，物归原主吧，它会佑你体康而事昌。"默西眼光闪亮，接过玉凤若有所思，斗胆说："二舅九十寿辰，我定当送一个繁华之城作为惊喜。"二舅微微一笑，说："惊喜之诺可作励志之约，只是十年磨一剑，不仅要磨功力之剑，还要磨心意之剑，磨智慧之剑，三剑合一，才能真正功成而名就啊。"

二舅启程，止若小妖备了茶叶水果和诸多小吃放在车上，既是给二舅的心意，也是给阿不阿可的温情。止若疼爱地拥搂着阿可，退下手腕的翠绿玉镯递送过去，阿可推托不掉戴在手上却也刚巧合适。小妖搂着阿可眼圈已红，似乎深深的亲情一直就在。阿可收着纳兰君的字，大方地同纳兰握手，手指化于纳兰掌心：“谢谢纳兰哥的书法，我刚刚独创了禅舞《心弦》，下次跳予你看。”恋恋不舍而去。

默西也告别纳兰君：“这两日在云舍受益非浅，也打扰师兄和止若了，我也写了一首小诗放在了书房，请师兄雅正。”最后同小妖打招呼：“美女，别忘了我们的基围虾之约哟。”小妖摆个 pose，作 ok 状。

回到院内，云舍恢复了寂静，几只家雀徘徊石棋，偷食着散落的蛋糕奶油碎屑。微风吹拂，书房一张纸飘落，是默西的诗《禅剑》：

一把秘匙扣心弦，
世局洞开因慧眼。
问禅剑欲指何方？
游刃出奇舞翩翩。

16

以无事取天下之纵横天下

云非云这次返京，一来受邀参加“家事国事天下事”高端纵横论坛，二来带母亲和妹妹云怡儿来京小住，略览一下昔日皇城的风光景致。回到云舍，见院外淡素古朴中参了枯山水，院内配搭的绿植秀出繁花似锦，屋里却整洁明亮一切如初，云非云止不住夸小妖心慧手巧，把云舍真正摆弄成了自己心中的样子。

小妖自然心花怒放，眼中燃烧起惬意的幸福。

云母和云怡儿的到来，让云舍弥漫着说不出的温情。止若和小妖对两人起居饮食的照顾殷勤有加，纳兰君也难得下厨做了道最拿手的菜——蒜蓉粉丝蒸扇贝。扇贝一直是止若的最爱，纳兰君浸润多年才练得这手绝活，这次呈现出来自然获得云母和怡儿的赏赞。

饭桌上，纳兰君频频问起苏绣和湖剧，怡儿依旧风情，轻言简答，席间一句“默西师兄还好吧，我还存着他写的诗呢”的含羞之问，使纳兰君愈加兴致盎然且侃侃而谈。

小妖悄悄微信止若：姐姐，纳兰哥的表现，让我多少有些明白“心猿意马”四个字的含义了。

止若回：朋妹自远方来，不亦乐乎？人之常情嘛。小妖又微：姐姐心大，大得让人心疼。止若再回：心无事天下自然无事，心有事天下必然有事。本来就无事，何必要有事呢？

书房里，云非云见沙盘稍有变动，问起缘由，小妖讲了前段时间在云舍为二舅贺寿的事，云非云责怪纳兰君应该提前告知一下，也好为二舅备份寿礼。

纳兰君说二舅本无意因寿作寿，却有心以理为礼，然后详述了以奇用兵的核心要义，推演了几个阵法的变幻运用。云非云感叹说，窗户纸一旦捅破自会眼前明亮，洞穿其中玄妙，似乎一切又那么简单自在，但要捅破这层窗户纸，又是多么不易啊！

纳兰君说是啊是啊，牛顿之前树上之物不知砸了多少人的脑袋，文明以来，却没有一人能在他之前捅破地球引力这层窗户纸啊！

云非云望着自己书写的“以正治国，以奇用兵，以无事取天下”，稍稍沉思后对纳兰君说：“我们应该创建一个‘世局机杼文化交流中心’，以大海般宽广的胸怀，让国学精华的要义散播开来，让更多的人，拥有捅破物理、数理、哲学、人文、世局各环节‘窗户纸’的法智，所谓度人溢德，这才是我们应该立德、立功、立言的功业啊！”

纳兰君点点头说，非云兄所言极是，不仅如此，我们还应建立一个同样的线上平台，让中华文明几千年来充满智慧的文化精粹，散播开来，如神灯般照亮人们前行的路。

此时，止若和小妖在旁边脆脆的掌声惊了纳兰和非云，止若说：“交流中心和线上平台是个好主意，参与的人越多，对提高人们思想层次的效果就越为明显，若国人都能有非云这样的才情和智慧，那天下自然是乾坤自定了，只是机构一旦运作，会牵涉方方面面，须从长计议的好。”非云和纳兰深以为然。

非云望着止若和小妖，眼藏笑意，言语中却转了话题，说论坛遇着几个颇有渊源之人，自己私下约了来云舍作客，可能要麻烦止若小妖接待照料了。纳兰君笑说云舍本姓云，非云兄若再客气，止若和小妖就无措了嘛。止若笑说一段时间没见，非云竟学会见外了，不应该呀。云非云和小妖对望一眼各自笑起来，亲情阳光般洒落，净化着每个人的心。

苏雨是止若经济系的师兄，身材瘦弱，却聪明绝顶，尤善机辩，所论法理，言若悬河泻水，注而不竭，曾为高校群英辩论会最佳辩手。在校时，苏雨即心仪止若久矣，嫉妒了纳兰君抢得先机，自此相互疏远了许多。博士留校后，苏雨成了博导，同师妹绪雨桐婚礼时，纳兰君止若和云非云应邀出席，之后多年再未联系。

苏雨生于宁夏银川，据考是苏秦后裔，时常讥讽别人先祖躲避战乱逃去了南方，骄傲于自己家族特立独行，逆而北向，入“敌巢”，教化了异族，延续了血统。作为这次论坛发起人之一，苏雨特别邀请多年未见的云非云，也为在学友面前再显峥嵘。

云非云作为回谢，特别邀请苏雨和绪雨桐来云舍作客，同时还约了复旦大学政经专业的博导张阖。

云非云与张阖之前并未交集，论坛上，张阖以不烂之舌搅得风声水起，同苏雨的言语争锋更给云非云留下深刻印象。私聊中，这位生于浙江舟山的年轻博导，号称是战国张仪第七十代嫡孙，常常“大丈夫舍我其谁”的情怀溢于言表。

渊源这么一说，纳兰君禁不住乐了，手指云非云：“真是用心良苦的坏人，这下云舍一聚可就热闹了。”又说：“能凑巧请得如此高人一叙，也算难得幸事。”

云非云也笑：“勇足以威敌，智足以强国，所谓纵横捭阖，不在机敏巧辩，而在世局方策。有捭有阖方显纵横本色，可纵可横导引世局真略，这思想众筹的方法，也是君兄你的指引嘛。”

张阖进院时，苏雨绪雨桐与纳兰止若围坐在核桃树下相谈正欢，云非云将大家一一介绍，张阖惊羡道：“云兄好福气，这云舍景色别致，佳人云集，分明人间仙葩云中瑶池嘛。”

云非云作揖：“张导说笑了，张导和苏导能亲临云舍，蓬荜生辉啊。”客气中引着大家院内参观，来到书房，苏雨张阖惊叹，说这是他们见过的最大的私人书房，抵得上小型图书馆了。

止若和小妖见大家落座就把茶水移了进来。

张阖抿口茶，站起身，端详着室内挂着的书法，说：“以无事取天下，非云兄的书法让人望尘莫及啊，只是其中深义非云兄可明了?”云非云边续茶水边说：“请张兄明示。”

张阖开始口若悬河：“依我看，自历史至未来，整个世界的发展可概括为三个阶段，一是二战结束和联合国建立之前的漫长历史时期，这一阶段，更多地呈现出战国时期的特点，数千年来不同民族不同国家你讨我伐，争占领土掠夺资源。从秦统一六国，而后汉唐宋明清等等国内的朝野更替，从葡萄牙西班牙英国法国开辟殖民地，到德国日本发动二战等等的国际变迁，丛林法则的规律一直演绎着‘弱肉强食’的世局。二战后期，核武器的出现，使人们开始畏惧足以毁灭整个人类的战争。联合国的建立，倡导不论大小强弱各国主权平等之信念，从机制上，使强国再难以武力来侵占弱国的领土和资源。更为重要的是，科技的发展，极大地促进了生产力的发展，使‘强之食’不再依赖于‘弱之肉’，从而使‘弱之肉’可以不再成为‘强之食’。联合国的建立至目前则是第二阶段，这一阶段更多呈现出春秋时期的特点，丛林法则不再成为天条，强国以武力方式侵占弱国领土及资源的方式再难呈现，大国如春秋齐国一样通过强内而富国，再‘挟天子以令诸侯’而谋取霸业成为常态。冷战时期最为典型，二战后纷纷独立的弱国小国，不得不左右摇摆‘朝秦暮楚’。而随着苏联的解体及中国的日益复兴，形势又慢慢发生变化，世界开始迈向新常态，即向孔子倡导的‘世界大同’的方向演变，然而人类文明前进的步伐从来都是曲折的，多少年后世界能否进入‘大同’却是不得而知。”

张阖刚刚说完，苏雨“呵呵”冷笑两声，很快接话：“张导说的三个阶段也算勉强说得通，只是明显用词不当嘛，什么世界大同？大同在哪里？其实不就是马克思早已倡导的，人人可实现全面而自由发展的‘共产主义’社会吗？虽然‘共产主义’这个词不少国家及党派并不认可，但其核心‘实现人的全面自由发展’却是大家日益明确的共识，这既是社会发展的客观规律，也是我们不忘的‘初心’。至于第一阶段嘛，早已成为历史，怎么描述历史，则是见仁见智之事，所以不描也罢。所谓从第二阶段迈向新常态嘛，以张导的意思，我们不但尚处其中，而且还要经历多少年尚不知晓，这说了也是白说嘛，谁不知道要‘以正治国，以奇用兵，以无事取天下’？但如何才能做到呢？这才是问题的核心，张导说了半天也只是在外围打转转嘛，呵呵。”苏雨语速极快，大家尚未理清思绪即以两声冷笑收了口。

云非云和纳兰君对视一眼，“噗哧”一声笑起来。

云非云说："有意思，有意思，张导表达的意思已经十分清晰，苏导的意思我多少也有些领悟了。比如合纵连横，作为战国中期演化而出的思想策略，本身并无特别深奥之处，不论是'合众弱以攻一强'的合纵，还是'事一强以攻众弱'的连横，其中道理简单明了，关键是怎样才能做到纵横自如，这才是问题的关键。司马迁记载苏秦是合纵的倡导者，也是成功的实践者，曾佩齐、赵、燕六国相印，合纵燕、韩、赵、魏六国攻秦，迫秦昭王废帝请服，退还攻占的赵、魏土地。张仪，则最早在秦推行连横策略，使秦惠王"拔三川之地，西并巴蜀，北收上郡，南取汉中"。一般认为苏秦张仪既是同学也是政敌，然而 1973 年长沙马王堆汉墓出土的《战国纵横家书》记载，苏秦死于公元前 284 年，张仪死于公元前 310 年，两人政坛并无交集。张仪真正的政敌是公孙衍，时人景春说：'公孙衍、张仪，岂不诚大丈夫哉？一怒而诸侯惧，安居而天下熄。'然而不管怎样，苏秦张仪都是那个时代了不起的纵横家，知大局，长谋略，其倡导的可箝而纵，可箝而横，开合有度才能纵横自如的思想，至今影响着世界发展的格局，让人敬仰啊！"

云非云一番话让张阖、苏雨如沐春风，十分受用。

张阖接着说："二战深刻改变了世局，之后天下的演变发生了很大变化，诸国关系开始从斗争对抗走向多层博弈。冷战结束后，正和博弈的趋势，开始更多地替代零和博弈，一个大国的崛起，不再必然损害别国的利益，而是可以在互惠互利中达成共赢，所谓的'修昔底德陷阱'，在科技与经济日益发达、政治智慧日趋成熟的今天已成过去式，'以无事取天下'成为大国崛起的必然途径。"

小妖悄悄问止若："'修昔底德陷阱'是个什么陷阱啊？"

止若悄悄笑："这是古希腊历史学家修昔底德的说法，是指一个新崛起的大国必然要挑战现存大国，而现存大国也必然会回应这种威胁，这样战争将变得不可避免。最著名的案例就是古雅典与斯巴达，古雅典迅速崛起，震动了早已强大的斯巴达，互相的恐惧与不安使双方反应激进，从最初的对抗酝酿成冲突和战争，最终双方走向衰亡。这世上本没有'修昔底德陷阱'，人为地把它当陷阱，它自然就成了陷阱。"

小妖逗着追问："这个陷阱挺好玩的，怎么就没有？怎么就人为？怎么又成了呢？"

止若轻轻掐小妖，说："双方都作正向博弈自然就没有陷阱，双方都作零和博弈自然就有了陷阱，修昔底德陷阱就是零和博弈，零和博弈就是修昔底德陷阱。死丫头，不给你绕了。"

这时苏雨又语速极快地说："说了一圈还是在外围打转嘛，'以无事取天下'成为大国崛起的必然，确实越来越成为大家的共识。那如何才能做到'以无事'而'取天下'呢？方向性的东西大家都知道，关键是实现的方法和路径，这才是问题的核心。"

张阖埋头喝茶，却也不再接腔。

云非云鼓掌说："问得好，问得好，这也是我们应该深入探讨的核心嘛。张导说了半天，休息休息嘛。君兄，听听你的高见如何？"

纳兰君摆摆手说："在苏导张导面前，哪敢提什么高见啊。只是非云兄既已下了指示，也只好略谈一点浅薄看法，斗胆与大家分享，不当之处，还请两位博导多多指正啊。"说着来到书案前，拿起毛笔，写了这么几个字："和，以和为贵，和而不同，协和万邦。"

纳兰君说："中华一脉而来的，关于家国情怀的思想璨若星河，比如修身齐家治国平天下，比如为万世开太平等等，若涤去其中泥沙，沉淀成一个字，那就是'和'。"

"'和'有诸多含义，其轴心就是'共赢'。'有禾入口'是为'和'，人人'有禾入口'为'共和'。每个国家每个人都在世局的棋盘上，一方赢了，利益通吃自然欢喜异常；一方输了，利益全无自然十分不爽，这是零和博弈。而'和棋'就是利益共享，就是正向博弈。'无事'就是'和'，'和'就是'共赢'，'共赢'就是'中庸'。'和'文化的本质，就是中庸之道，中庸之道就是执其两端而取其中。"

"从这个意义讲，'和'文化有三个层次的核心要义，第一层就是'以和为贵。'《论语·学而》讲：'礼之用，和为贵。先王之道斯为美，小大由之。'什么意思呢？就是要以'共赢'为最高追求目标，把'共赢'作为规则制订和谋事的根本出发点和落脚点，小大由之。英国著名历史学家汤因比说：'避免人类自杀之路，在这点上，现在各民族中，具有最充分准备的，是两千年来培育了独特思维方法的中华民族'。这种独特的思维方法就是'和'文化，就是中庸之道。《中庸》指出：'致中和，天地位焉，万物育焉。'其理亦如此。"

"第二层要义就是'和而不同'。《论语·子路》曰：'君子和而不同，小人同而不和'。此处的'和'意味更加深远，用现代的词来说就是开放与变革的融和。'和而不同'，实则是一切国家与民族兴旺发达的必由之路，以最开放的胸怀，吸纳融合所有外来的先进文化，但不是要否掉自己去成为他人，而是要通过不断的变革，来成就更独特更完善的自我。"

“在思想文化方面，我们最成功的案例就是马克思主义的中国化，虽然也走了不少的弯路，但最终我们没有否定自己去成为模版，而是吸纳了精髓成就了自身‘有中国特色的社会主义’的‘蝶变’，在所有吸纳它的东欧及新兴国度里，唯此拥抱着成功，所以我们才有了可以言说的道路自信、理论自信和制度自信。”

“在科技产业方面，最成功的案例莫过于我们的高铁，从吸纳日本的新干线、法国的TGV、德国的磁悬浮到拥有完全自主知识产权，中国高铁所以能华丽转身，一直遵循着的就是‘和而不同’的文化理念，而我们各省市试点的‘自由贸易试验区’正是理念践行的合奏曲。”

“第三层次的要义是‘协和万邦’，《尚书·尧典》指出：‘九族既睦，平章百姓，百姓昭明，协和万邦，黎民于变时雍。’协同起来找到一条‘共赢’之路，是‘协和万邦’的必由之路，这条路就是如今的‘一带一路’。‘一带一路’实则是开合有度的纵横思想于当今世局的具体举措，是以‘和’文化引领各国走向‘共赢’的战略策要，更是‘以无事’而‘取天下’的康庄大道。‘一带一路’的思想，将持久地影响着中国、沿线各国及整个世界几代人的福祉，只是其中要义，又有多少人能够深刻领会呢。”

纳兰君话音未落，苏雨张阖忍不住率先鼓掌。

张阖说：“了却君王天下事，赢得生前身后名，君兄与非云兄淡薄名利，大隐于此，天下诸事却洞察于眼，明了在胸，实在是让人敬佩啊。”

说话间，云怡儿拿着一件物品走进书房，与云非云低耳了几句，云非云站起身轻轻拍拍手说：“我送大家一个惊喜，今天是个特殊的日子，不知大家能不能猜得出，若猜得出晚宴可以不罚酒哟。”

大家面面相觑，小妖扯扯止若衣襟，止若摇头。

云非云不再抖包袱，说：“其实这个惊喜不是我送的，而是苏雨师兄和雨桐师妹送的。如果我没记错的话，今天应该是苏雨和雨桐的结婚纪念日，为感谢你们暗送的惊喜，就以怡儿自己的苏绣作为回礼，请务必笑纳。”说着云非云把苏绣递给了雨桐，雨桐眉目间升起一片光泽，隐约止若的影子，让人感受了什么叫气色容华。

接过苏绣，雨桐轻拥了怡儿。纳兰君和止若突然想起，当年参加苏雨和雨桐的婚礼，真的就是今天这个日子。

纳兰君轻轻抓住止若的手，感叹说：“非云真的是没有缺点的人，天下怎么能有这样的人呢，还真的是有！”止若也笑：“如果说非云真有什么缺点的话，那他唯一的缺点就是没有缺点。”

没想到云非云又开了口：“苏师兄晚上送给雨桐什么惊喜我们就不管了，但是君兄饭前准备给我们大家送个惊喜，君兄是个善写书法的诗虫，现在我们请君兄给大家写一幅好不好?”大家边鼓掌边嘻笑着一起看纳兰君。

云怡儿凤眼灵动，飘来一波风情。纳兰君心一热，更紧握了止若的手，嘴上却低语：“这个用心良苦的坏人，和他在一起总是不由自主听他摆布。”

小妖兴冲冲摆弄好书案上的一切，纳兰君活动活动手指，提笔写了一首《天·下》：

草，疯一样长
肆意着
一秋一春的枯黄
鱼，翔了浅底
灵动着
自由寻觅的力量
云，任性的舒卷
幻化着
随时随意的想象

我，骏马于草原
可意着
鹰击长空的徜徉

你的天下是什么
你伏在我的肩
微熏着你的思想

你，就是我捭阖的天
我，就是你纵横的下
得意的笑声里
一切沉浸于梦乡

天若破了，你拿什么来补
女娲用的石头啊
女娲的石头是什么

是啊，女娲的石头是什么
一段相濡以沫的诗
或者，一曲相忘江湖的歌

梦醒了，岁月尚在
时光了，诗歌长存

17

墨之守之守正补缺

送走云非云，云舍似乎一下落寞了，庭院纵然如旧，花儿恍然如昔，访宾依然如云，只是人的心和情，却异样了。小妖开始静默，眼光闪烁，狐疑不定。纳兰君说小妖有些怪异了，止若说不是小妖怪异，而是事情怪异了。小妖以小楷书写了《钥匙》，落款给云舍的主人，署名小妖，悄悄把《钥匙》夹在了云非云最爱的书里。云非云走了，书和《钥匙》不见了，何去？何从？

没有回音，难得怪异。

怪异不怕，怕的是杳无音信。感情如陈酒，均需沉淀酝酿，酝酿得法，沉淀到位，自会浓烈纯香。

不几日，张阖却来了音信，说城北有个雾灵山，山上有个灵雾村，村里隐着位叫墨脱的朋友，洞察世局的从容，淡泊名利的挥洒，与云非云有着异曲同工之妙呢，特邀纳兰君一去一聚一叙。一个从不会赞美别人的人，情不由己地赞了人，那么这个被赞之人，定然是难能可贵的。要么，优秀得让人瞠目结舌；要么，独特得叫人难以琢磨。

“姓墨的，该不会五百年前与默西哥哥是一家吧?”小妖终于开腔。

“此墨非彼默，只是也难说，默西或许也是墨翟的后人呢?”止若说：“雾灵山倒是没去过，据说是京城难得之风景，刚好一游喽。”

燕山山脉横亘于京北，主峰雾灵山海拔两千多米，傲视苍穹，拱卫京畿。明长城由雾灵山西北，经张家口沿燕山山脉委婉成外长城，另一路则顺太行山脉向南绵延成内长城，雾灵区域乃束口之处，历来为兵家必争之地。山南遥桥峪古堡，为明朝屯兵军营，旧址现今保存尚好。

驱车新城子，拐入曹家路，已至雾灵山腹地，只见峰嶙崖险，松深柏茂，飞瀑珠落花奇，雾绕潭幽溪清，止若惊叹：“常听人说，雾灵山有着京城最幽秘最耐人寻味的景致，如今看来果真名不虚传。”

纳兰君说：“雾灵山乃清廷风水来龙之地，京城第一缕阳光自此腾升，官方封禁近三百年之久，自然是岭林层叠含深意，四野溟茫若梦境喽。”

小妖接腔：“怪不得姓墨的隐居于此，还真会挑地方啊!”

自遥桥峪北岭一路上行，山腰忽然平坦，松林顽石之间，散落着数十处民宅。宅室以石作基，垒木为墙，原朴而简陋，一个以稀疏松篱围着的院落即为墨家。院内两株高大白皮松，树下几个不规则的树墩，围着一块表面光洁的巨石，是主人室外的茶座。东侧房外，堆着码得十分整齐的木柴，旁边一油光的石磨，显出主人生活的原味。

纳兰君进院，墨脱与张阖正树下喝茶低语，当地武装部训练参谋赵戎和八岁的儿子赵帅弈棋胶着。张阖迎上来，拉纳兰君与大家引见。身材削瘦、皮肤黝黑的墨脱站起身，伸手与纳兰相握，手掌粗糙干硬，一股劲力传来，纳兰君绵手卸力，随之运力回抵，四目相对，均欲含了对方。

随后，各自又精光内敛，抽手回含，微笑中欣赏着彼此。

赵戎起身轻唤儿子：“阿帅，快向叔叔阿姨问好。”赵帅嘴里嚷嚷着叔叔阿姨姐姐好，跑去搬来一个小木墩，扯着小妖坐在自己身边。

墨脱添置着茶具，张阖则引着纳兰君，四处参观院落。

只是院落，实在没有什么值得观览的，除去陋室，惹眼的，是由随意的草、不知名的花儿围着的一角菜地，一排茁壮的青葱，两垄散漫的香菜，小油菜已是郁郁葱葱，胡萝卜和芹菜的苗尚显稚嫩，青翠的架豆疯长，红黄间色的小西红柿玲珑饱满，垂吊的黄瓜让人垂涎。

张阖一边介绍着环境，一边感慨说，墨家历来栉疾风，沐骤雨，奉身极俭，米面自磨，蔬菜自种，茶酒自制，连饮用水也是从山泉处提回的，坡下即为泉水汇集而成的遥桥峪水库。这里青山环绕，松苍柏翠，再远处群山拱列，隐约其间的是明代的长城。上行数里，有花岗巨石隶刻的“雾灵山清凉界”六字，相传是明代刘伯温所题，两侧及下方又有戚继光等人的诗篇，夏季此处最高气温不超25度，人称“清凉界”。

止若感叹说，清凉界里躲清凉，真是一处韵雅之地啊。

张阖引大家回到树下，张落着彼此入座。墨脱已重新沏了茶，摘洗了小西红柿和新鲜的黄瓜，权作水果用来招待。赵帅欢快，忙着为每人递去几枚小西红柿，或一截黄瓜。

赵戎嚼着黄瓜，快言快语，介绍说自已祖辈是契丹血统，与汉族混居于蓟州一带，爷爷辈搬到了这里，并娴熟地简述起刘伯温、戚继光于此的传说轶事。纳兰君静静听着，随口说起耶律阿保机，赞叹耶律率领契丹族人创建辽帝国，为金、元、清的兴起奠定了基础，赵戎竟一时语塞无言以对。纳兰君感叹，说想不到有关契丹的人文早已湮灭，即使族人后裔，记忆中也了无痕迹，文化一旦离了传承，人文就冷落成了档案。

赵戎自惭说：“早就听张教授讲，纳兰老师有经天纬地之才，得知老师今天要来，专程带阿帅一起来拜会，老师简短言谈，竟也饱含深意，让人深思啊。”张阖与墨脱没有言语，嚼着黄瓜，也嚼着纳兰君的语意。阿帅一旁执意同小妖掰手腕，一输二输再输，遂跑回柴房，取了两个小桶来，拽着小妖去取山泉水。

纳兰君抿口茶，入口微涩回味甘醇，说真是好茶，自然简朴乐融其中，果然是墨家味道。张阖接口说，墨家的茶有味道，墨家的思想更是独到，君兄对此什么感受？

纳兰君再抿口茶，说《吕氏春秋》记载："孔墨之弟子徒属，充满天下，皆以仁义之术教导于天下。"战国时期，墨家与儒家比肩而行，孔崇周礼，墨重夏礼，根子上却是殊途同归。汉以后，儒家成为显学，墨家传衍世系不详，然而墨之徒属虽隐，思想却也从未断绝。

墨脱起身，为纳兰君续上茶水，纳兰点头示谢，说墨之思想庞博富杂，涉猎广泛，孰可比？孰不可比也！墨子十事：尚贤、尚同、节用、节葬、非乐、非命、天志、明鬼、兼爱、非攻，看似冲突互有矛盾，实则其方略之出，乃因世、因局而宜。若国昏乱，则提倡尚贤尚同；国贫困，则告诫节用节葬；国享乐腐化，则宣传非乐非命；国淫僻无礼，则强调尊天事鬼；国掠夺侵凌，则语兼爱非攻。择务从事，当机则妙，以"兴天下之利，除天下之害"，一旨而贯之，方略精髓影响着世局变动，至今依然啊！

话音未落，墨脱站起身，冲纳兰君轻轻一躬，说戒酒多年了，拟把疏狂图一醉，却从未如愿，今日眼见高山耳听流水，须一醉方休才好。随之吩咐赵戎，务必请遥桥峪张姐上来，做几道拿手的菜。此时小妖和阿帅气喘吁吁进了院，小妖两手空空，阿帅却左右各掂了满水的桶。大家眼神惊诧，小妖俏脸一红，忙解释说，阿帅可不得了，耐力十足的鬼精灵呢，去时说他的空桶让我提给我十元钱，回来说我的桶他提，桶里水满需五十元，转眼赚了我四十元呢。大家禁不住呵呵笑起来。

赵戎指挥着阿帅把水倒入厨房的水缸，又招呼他坐在自己身旁喝茶。张阖冲赵戎伸大拇指，以示赞意，说养不教父之过，如何养教不失呢？关键在守正补缺。现在不少的父母，抱着宁亏自己不亏孩子的念想，恨不得养孩子于恒温恒湿的无菌环境。孩子是早晚要放出去的，这样养出的苗，和地里疯长的草，能竞争嘛？

见纳兰君频频点头，张阖愈加快语如泻：所谓教书育人，学校是主体，父母是主责。守自己的正，补孩子的缺，父母给孩子的，应该是学校难以给予的：一是强健的体魄。怎么给呢？让孩子自小喜欢上一项运动，在享受玩的快乐的同时，健康随之而来。二是坚强的意志品质。怎么给呢，角色互换，让孩子充当你的保护神，在担当和勇敢中享受正义感的同时，坚韧会慢慢滋长。三是财富的善理与善用。这是父母最应该给孩子的，却也是一直以来国内家庭教育最为欠缺的一环。人之一生，时刻面临着生存、发展与享受的抉择，要学会成为创造与掌管财富的主人，而不是受财富摆弄的奴隶。这三样东西，许多父母给孩子的，恰恰是负面的。所谓‘教之误，师之过。溺之谬，误之果’。你喂他怯弱，却希望他英雄；你育他浮华，却渴望他担承，岂不是痴人说梦嘛。

“守正补缺？”赵戎嚼着张阖的话，说：“张教授话中有深义，一语点破天机啊，守自己的正，补孩子的缺，我对阿帅的教育愈加心中有谱了。”张阖接口说：“其实守正补缺源于墨家思想，刚才纳兰君谈了一些看法，让墨脱大哥给我们讲讲墨家核心要义如何？”

墨脱眼中精光一现，随又收敛回含，冲张阖摆摆手，却回望纳兰君，说自己是墨之后人，以墨卖墨似乎不妥，倒是很想听听纳兰君的看法。

纳兰君一听轻轻笑了起来，说：“墨为鸿儒，君乃白丁，墨不说墨却让白来说墨，岂不是白说嘛。只是墨兄既已吩咐，恭敬不如从命，只好墨门卖墨了。”

大家均笑，纳兰君突然问了句：“大家可知墨子止楚攻宋的典故？”阿帅脆声说：“我知道。”纳兰君点点头：“了不起，给大家讲讲好不好？”

阿帅大方地站起身，把墨子止楚攻宋的故事，童言童语描摹一番。纳兰君把阿帅拉在自己身边，说了不起，真了不起，阿帅将来会帅得一塌糊涂啊。又说，止楚攻宋背后的思想支撑，是墨家守正的核心精髓，也是当今我们应该坚守的世局方略啊！

纳兰君开始慢慢道来。

墨家认为，战争“夺民之用，废民之利”，“春则废民耕稼树艺，秋则废民获敛。今唯毋废一时，则百姓饥寒冻馁而死者，不可胜数。”墨家主张“非攻”，然而，你虽不觊觎别人家的美玉，可难免有人会垂涎你的秋实，所以“非攻”和“墨守”从来是一体两面不可偏颇的。纵观历史，华夏文明自秦统一后，一直遭受着外来的侵略，“非攻”的理念深入华夏脑髓，但如何“守护”，却一直是历朝历代的心痛。

“是啊，长城就是明证，长城是历朝历代都想倚仗的守护啊。”赵戎禁不住接口说。

纳兰君顺着说：“不错，自秦长城开始，到汉长城、明长城，多少朝代都想依靠长城来守护自己的王国。就拿雾灵山来说，东汉以来，即为游牧民族与汉族必争之地。从北齐在此修筑长城，至隋、唐、宋不断修缮，明朝再次重修，以内长城外长城两道屏障拱卫京师，最后如何？依然挡不住清军入主中原。清朝稳固后，再次修缮长城，又能如何？依然逃不掉陷入半殖民地的命运。”

说到这里，纳兰君加重了语气：“一道墙而已，怎么能守住国之安全呢？”

赵戎点点头：“是啊，近代最著名的墙，若过于马奇诺防线。二战前，法国花费 50 亿法郎，费时十年，在东部边界建设的蔓延数百公里的防御工事，钢筋混凝土结构，坚固异常，内有大炮、壕沟、堡垒、厨房、发电站、医院、工厂等等，通道四通八达，甚至有电车通行，可以说是固若金汤，结果如何？德军仅用了 39 天就征服了整个法国。纳兰老师说得好，国之守护，怎能依靠于一道防线呢？”

墨脱再次起身把茶水续上，纳兰君接着讲：“民国外交部长陆征祥曾警言‘弱国无公义，弱国无外交’，是说国家若积弱积贫，就很难在国际社会争得公义，没有实力支撑的外交，同样也难以达到预期的效果。”

“‘止楚攻宋’，实乃墨学之精华。公输盘为楚造云梯之械，将以攻宋。子墨子闻之，起于鲁，至郢见公输盘。子墨子曰宋无罪而攻之不可谓仁，知而不争不可谓忠，争而不得不可谓强，义不杀少而杀众不可谓知也。公输盘钦服，然攻宋之意未改。子墨子见王，曰王之攻宋，犹若舍文轩而窃敝舆，舍锦绣而窃短褐，舍粱肉而窃糠糟。王曰：‘善哉！虽然，公输盘为我为云梯，必取宋。’至此，子墨子能用的外交说辞都用了，没产生任何效果啊！”

“于是见公输盘，子墨子解带为城，以牒为械，公输盘九设攻城之机变，子墨子九距之。公输盘之攻械尽，子墨子之守圉有余。子墨子曰：‘臣之弟子禽滑厘等三百人，已持臣守圉之器，在宋城上而待楚寇矣。虽杀臣，不能绝也。’楚王曰：‘善哉。吾请无攻宋矣。’”

说到此，纳兰君稍用了重音：“由此，墨守如何守？拥有赢得战争的实力和把握，才是墨守的根本啊。墨守守什么？守住‘非攻’之正，补齐‘守护’之缺，才是墨守的本意啊！所以壶公评论墨子，乃仁德之心，天地可鉴，昭示千古。”

张阖赵戎忍不住鼓掌，阿帅似懂非懂跟着拍手。

墨脱眼眶微红，起身同纳兰君紧紧拥抱一下，说：“治于神者，众偿知其功。争于明者，众人知之。张阖说君兄乃治于神之人，今日有缘相见，感同身受啊！”

遥桥峪的张姐果然烧菜高手，大家聊天间已弄出一桌地方佳肴，止若小妖帮忙张罗好桌椅，阿帅跑前跑后摆放着碗筷，兴冲冲招呼大家入席。板栗烧鸡块、山蘑溜肉片、豆豉浸鲟鱼是张姐拿手的雾灵山美食，墨脱为止若小妖阿帅分别夹了菜，赵戎也边为纳兰君张阖夹菜边感叹："墨老师历来简食素脍，从没有这么奢侈靡费过，真是难得啊。"大家觥筹交错中，赵戎酒敬纳兰君，说："不少人觉得，所谓养兵千日用兵一时，一日不用千日白养，纳兰老师怎么看?"

张阖先接了话，说："此话虽有些偏颇，却也可看作激励。"

纳兰君说："是啊，不让战火燃烧家园是军人存在的全部意义，而拥有赢得战争的实力和把握，却是意义实现的唯一手段。养兵需千日，用兵在一时，亮剑则决胜千里，剑藏则威振四方。大家都知道《清明上河图》吧，北宋张择端仅见的精品长卷，真实再现了汴京城内外各阶层的生活，彰显了北宋气势磅礴的繁盛景象，画中也透出宋朝灭亡的天机。诺大的城池，竟然不见丝毫守备，宋之国灭、民之游离，不在科技经济之弱，而在守之疏、兵之涣啊。"赵戎再次起身，带阿帅一起酒敬纳兰君。

张阖突然嗓门一提，问："假若台岛分裂，从军事角度是先拿澎湖，还是直接围困全岛？若派赵参谋你去，当如何?"阿帅稚语："分出去就分出去嘛，咱们国家这么大呢，管他干嘛?"张阖摸摸阿帅的头说："你身体这么大呢，切你一个脚趾头你愿意吗?"阿帅赶忙说："不要!"

赵戎哈哈笑着端起酒一饮而尽，说主权问题哪容分辩，自然是风萧萧兮易水寒，壮士一去兮不复返了。

纳兰君笑说："其实不用那么悲壮情怀嘛，派墨脱兄过去，解带为海，以牒为械，演绎了各种攻防之法，自然不战而招安嘛。"张阖打趣说："墨兄讲兼相爱交相利，那边若以纸醉金迷迷惑了墨兄，岂不偷鸡不成反蚀米了。"

纳兰君手指墨脱，呵呵笑着说，此事不能干啊，要守正补缺啊墨兄。

墨脱畅怀大笑中，与大家一一碰杯。

回程的路委婉下行，车轻松人也轻松。小妖说：“明明最普通的家常菜，却说是难得的糜费奢侈，真不知这个姓墨的平时吃的啥，怪异。”

止若也说：“墨脱是够简朴的，一整天连言语都是寥寥数句啊。”

纳兰君微闭着眼，轻轻说：“由此看来，墨脱或许真是墨家嫡传后人，所谓‘孔席不暖，墨突不黔’，墨者自古尤重艰苦实践，‘短褐之衣，藜藿之羹，朝得之，则夕弗得’，‘以裘褐为衣，以跂蹻为服，日夜不休’，生活极为清苦，然而为维护公理与道义，墨者皆可‘赴汤蹈刃，死不旋踵’，墨之光，天地之异彩啊！”止若小妖听之，敬佩之情油然而生。

话间一微信来，是墨脱的一首诗《墨心安守》：

云雾缭绕处
生灵自得
松下清溪潺潺水
蓑衣独居
墨心安守

爱屋及乌何不可
兼相爱
众缘和合
方能破邪显正

止若看后说：“此诗乃墨脱明志之言，想要你的回应，难度不小呢。”纳兰君合眼沉思，良久回信《融缺无碍》：

晨曦朦胧中
万籁俱醒
坡上黄尘迢迢路

席不瑕暖

融缺无碍

民胞物与当自为

致中和

恻隐仁人

尽可转染成净

18

慧灭慧生

云非云出事了，这是纳兰君和小妖难以想象的，一个几乎没有缺点、神仙一样的人，怎么能出事呢？然而事实又确实如此。常言说：人非圣贤，孰能无过？何况圣贤也一样会犯错，下肚的是五谷杂粮，催生的是七情六欲，既食了这人间烟火，又如何躲得掉世间这烟之熏、火之燎？只是让纳兰君和小妖没料到的，等赶到湖州，云非云已在重症监护室躺了三天。

医院亦是南方的味道，颜色是常青的，不经意的花草、灌木、乔木，错落成有意搭配的景致，去除医的因素，院内即是园林。只是很少有人喜欢往医院跑，庭院弥漫的淡淡的消毒水的味道，同北方却也并无什么异样。

云怡儿眼眶微肿，神色凄凉，三天的日夜值守，憔悴掩映了往日的容光。纳兰君内心疼痛，轻轻握手，借意绵去力量和温暖。止若搂了怡儿的肩，手指柔柔抹去怡儿眼角泪痕，低声说着安慰的话。小妖已控制不住情绪，声音透着焦急："为什么会这样？怎么能这样？"怡儿再次梨花带雨，俏肩耸动，嘤嘤哭泣起来。

陈漤五湖书院，云漤本觉禅寺，旧址复建基本完工，从方案设计到基建施工，细节的雕饰，环境的融洽，云非云亲历亲为呕心沥血，似雕刻一件碧玉，将理想与完美融入其中，自己日益形消身瘦而不自知。

开院剪彩的前两日，为着书院和禅寺日后运营，云非云同叔叔辈的出资人葛东生发生了分歧。

葛是云非云泛亲，自小与云非云舅舅一起长大，最初合伙做生意，后来分道扬镳做地产发了家，又涉足餐饮娱乐诸多行业，在当地是响当当的人物。作为地面上有头有脸的人，葛的身上有着鲜明的时代烙印：儿时忍受过无望的饥饿的煎熬，青春期浸染过“文化大革命”的洗礼，而立之年，社会从狂热的政治崇拜，迷漫到赤裸的财富追求，人生过山车般的颠覆变化，使葛东生们分化为几类：或返璞归真，或道貌岸然，或不择手段。

云非云素来明了，所谓的葛叔叔与自己并非同类，但因生意和亲戚关系，一直有联系也有合作。

纳兰君和默西对葛却是印象深刻，现实生活中，各阶层似乎都零星点缀着这样的幽灵：满嘴粗话自以为豪放，口头上膜拜领袖，骨子里崇拜的则是独断专行。借助地位、辈份、财富或权利，演绎着不管对错老子说了算的做派，将‘为达目的不择手段’当作人生信条，反过来又拿道德去绑架别人，自己却把不守规则作为炫耀，中国民粹主义的滋长皆赖于此。

五湖书院与本觉禅寺的复建为传承，免费开放、随意浏览是本意和初衷。葛出资时信誓旦旦一口允诺，完工后却又以撤资为胁，执意要把书院和禅寺运作成赢利之源，云非云自然不许。

开院当日清晨，书院的脊顶被人揭去几片青瓦，似少女满头秀发被啃出一块青皮，何止扎眼，尤其扎心。云非云搭梯上房亲自蹲补，起身时一阵眩晕，失脚踩空跌落，后脑受撞自此昏迷。云母听到消息，昏厥于床。怡儿自己呆在医院守护哥哥，又要安排邻居照料母亲，真是一心凄苦牵两处，两处忧心苦一人。

第二天，司马暮、迟李忆心、默西均赶来了，在主治医师张俊主任办公室，云非云头部影像呈于墙上，其中斑块一目了然。

张俊手指影像，熟练地描述着，因急性损伤，云非云脑中枢高级部位存有整块淤血，造成大脑皮质功能丧失，呈现深度意识障碍，也即常说的植物人。因淤血部位太深无法手术摘除，虽然呼吸、体温、消化吸收、分泌排泄、新陈代谢及心跳循环等自主功能依然存在，但淤血不消，醒来的概率会很小，可能永久性昏迷。

怡儿脸上一片苍白，捂了嘴，止不住放声哭泣。小妖一把抓住张主任的胳膊，满眼乞求："医生，求求您，一定要想法救醒他！求求您！"张俊医生一脸无奈："医疗手段已经无能为力，能否醒来全在个人造化，看奇迹了。"

晚上大家回到云非云家里，小妖顶替怡儿在医院守护，怡儿带着众人问候过母亲，安排大家用完餐在庭院喝茶商议。司马暮迟说："上房揭瓦的事一定是那个姓葛的弄的，我们应该以彼之道还治其身，设个陷阱好好教训教训他，实在不行就教训他的儿子。"

默西随声附和，开始捉摸一些手段出来。李忆心幽幽地说："你们觉得如果非云醒着，会同意这么做吗?"庭院内暂时没了声音。

纳兰君说：“是啊，若是非云醒着，他一定不会同意这么做的。非云兄遇到的，实质是民粹主义流毒的外在表现，我们内心抵制的是民粹，但我们不能自己也成为民粹啊。”

怡儿问：“民粹？这和民粹有什么关系？”

纳兰君说：“事情背后的本质就是民粹在作祟。尼可罗·马基雅维利，是意大利文艺复兴时期著名的政治理论家，他曾写过一本书叫《君主论》，其名言是‘只要目的正确，可以不择手段’，成为西方民粹主义的思想理论支撑。在中国，‘胜者为王败者贼’作为一种思潮，历史上幽灵般影响着朝代的更替，庄子说‘窃钩者诛，窃国者为诸侯’讥讽的即是此理。鲁迅在《三闲集·通信》中也讲过：要谋生，谋生之道，则不择手段。”亦为此理。

“‘只要目的高尚，可以不择手段’，与为达目的不择手段实为一辙，一旦成为人生信条势必走向邪恶。北岛有两句著名的诗：‘卑鄙是卑鄙者的通行证，高尚是高尚者的墓志铭。’然而拿着卑鄙的通行证，怎么能走向高尚的目的地呢？所谓不择手段非豪杰，义利有道方英雄。该守的底线不守，应有的良知泯灭，人人涸泽而渔，个个杀鸡取卵，世界会走向何方？手段和程序公正是实现目的公正的必然，不择手段是民粹滋生的种子，民粹是孕育邪恶的土壤，民粹主义是其最终结出的恶果，被其吞噬的灵魂必然走向毁灭啊。”

怡儿说：“那就这样算了吗？等着这样的人自醒吗？”

纳兰君说：“人类的文明程度和智慧程度是相辅相成的，卑鄙的通行证自然会灰飞烟灭，高尚的墓志铭最终会铭刻人心，因果互报，果因互得。”

默西说：“不错不错，善有善得，恶有恶报，不是不报，时辰未到，时辰一到，通通报销！”

大家剖析着事情的因果与真相，讨论着合理可行的应对之策，最后决定由司马暮迟、默西和纳兰君共同集资，怡儿核兑给葛东生，使葛与书院和禅寺再无关系。

作别云母怡儿和昏睡中的云非云，大家心情沉怅回到京城，各自回归各自的生活。生活即是这样，能在危急之时伸把手的已是难得，愿将危难偶尔扛在肩的更是少有，而时刻牵肠挂肚恨不能以身相替的，则是亲得不能再亲的亲人了。

纳兰君拿着云非云的影像资料四处奔波，求证了京城不同医院几位最顶级专家的意见，得出的结论出奇一致：部位深险，无法下刀，只能听天由命，看病人自己的造化了。

云舍，华仔和雀儿也来陪伴小妖，小妖却无心与它们戏耍，或出神呆坐，或喃喃自语，恍兮惚兮，魂不守舍。忽一日，收到云怡儿的信邮，告知云非云已由医院转回家中，虽然仍呈昏眠状态，家人毕竟不用再两头奔跑，社区医院的护士定时来家照料。

附来的还有一本书，里面夹着小妖的《钥匙》，而《钥匙》的背面，则是云非云手写的一首回诗《彷徨的憧憬》：

心中的影儿
早已不在眼中的景
随风飘摇的
半颗惆怅的心
一丝难续的情

仰望的微笑
感染不了忧郁的天空
流星早已陨落
不舍化在雨中

彷徨是无孔的锁

憧憬是幻化的钥匙

水纹波动的弦音

次次涟漪　拔弄着

隐秘的心声

可以奢求吗

奢你之可奢

求我之所求

等纳兰君和止若看到书信及非云的回诗，小妖已到了湖州。

云非云的卧室去除一空，云非云躺在专置的床上，双眼闭合神态安详。小妖紧紧攥着云非云的手，泪眼婆娑。

手可传情，只是一方难以知觉；人在咫尺，只是双方无法意会。小妖轻诵着《钥匙》，一字一句，任由泪水冲刷颜面。又轻诵着《彷徨的憧憬》，一句一字，任由奢求荡了心肠。云非云的手指抽动了一下，小妖敏锐地捕捉到这一丝颤动，云非云眼角慢慢浸出一颗晶莹的泪。小妖轻唤：“他知道，我说的每一句他都知道！”云母疼爱地上前抚摩着小妖的秀发，神情酸楚：“孩子，你这又是何苦呢？”小妖跪下来抱着云母，哽咽乞求：“把他交给我吧，我会让他醒来的。求求您，把他交给我吧，求求您！”

云母反搂了小妖，泪流满面：“孩子，你这么年轻，这又何苦呢？这又何苦呢？”

京城的雪，确实比往年来得更早了一些，庭院一片苍白，石凳石盘上零落着雀儿稀疏的爪痕，地面上四处交织着华仔密密的蹄印。云舍温暖的卧室，云非云昏眠着，药液顺着针管点滴着生命的需要，韵律合着时钟的拍，一点一滴，一滴一点，诉说着时光的一去不返。

客厅，阿不阿可围着二舅，讨论着针灸治愈云非云的可能，二舅面带微笑沉默不语，纳兰君在一旁专心沏茶。厨房，小妖使出浑身解数，忙碌着二舅最喜爱的菜肴：素焖童子鸡、白灼基围虾、红煨羊肉、上汤丝瓜，止若悄声打着下手。

晚餐中，大家一如往日说笑着，似乎什么都没有发生，似乎一切已早有结果。饭后，二舅抿了口新沏的茶，拿出一张事先写好的纸，说要用三天时间化去云非云脑中淤血，让阿不阿可去备些纸上所列之药。止若和小妖脸露喜色，底下互握了对方的手。

阿不阿可所备之药不是为云非云所用，而是二舅所用。

第一日，二舅从房间出来，汗水已湿透内衫，出门时脚下一软竟差点跌倒。第二日，二舅出来时脸色苍白如纸，气喘中略带了咳嗽，喝了些阿可熬好的药才稍稍缓和。小妖哽咽着唤求二舅先做调理，待体力回复再医不迟。二舅摆摆手说，首日是去除云非云体中毒素，次日是打通头部周遭循环，这些全部疏通才能最终去淤。淤血凝结已久，需将功力注入，使其内部松散，再由疏通的血流慢化之，云非云之症唯此能治，时机一过则前功尽弃。

纳兰君关切地说二舅您年事已高自己的身体要紧啊，二舅淡然一笑，说救一人命而化众人心，佛祖慈悲，自当为之。

第三日门打开，二舅已虚脱昏厥，等二舅醒来，已是隔日黄昏。小妖红肿着眼睛喂了二舅几口参汤，二舅缓缓坐起来问了云非云的情况，纳兰君说仍在昏眠，只是脸色好像开始红润。二舅点点头说假以时日会有转机，见大家神情关切，就让大家围坐过来，轻声问：“文字的本质是什么?”大家面面相觑，不明就里。

纳兰君说：“文字其实就是一种符号，一种系统的内含规律的符号表达。”

二舅点点头说：“不错，文字是符号，是什么的符号?”止若说：“是语言的符号，世界上有五千多种语言，文字却比语言要少得多，许多民族的语言并没有形成系统的文字。”

二舅又问：“语言的本质是什么?”大家又愣了。纳兰君说：“语言也是一种符号，是声音符号，本质上讲是声带振动产生的波，不同的波表现出不同的声，表达出不同的意思，约定俗成即为语言。”

二舅眯了下眼，说：“除了语言文字，还有我们看到的各种图像，都是波的符号，所以它们可以反过来，再以另一种符号形式通过波来传递，现代通信的产生就基于此。大家知道，这个世界物质是不灭的，能量是守恒的，人的生老病死只是物质存在的过程，人死了躯体转化为另外的物质形态，生命的个体却永远消失了。然而意识却不会，因为意识的本质就是波，它可以通过声音，表现为语言再表现为文字，因此意识可以永久保存，也可以光速传送。我再问大家一个问题，人与动物的本质区别是什么?”

止若说：“目前公认的答案是，人与动物的本质区别是人能够使用和制造工具。”

“这只是外在的现象而不是本质，我们能够看到的，一定是现象而不是本质。本质是看不到的，本质隐藏于现象之中，本质不能单独存在而只能通过现象表现出来，这是基本的哲学概念。”

此时，二舅用手指着自己的脑袋说：“本质区别在这里，脑子里。人和动物一样，都有语言、有意识、会思考，但人学会了逻辑，所以人与动物彻底区分开来。因为逻辑，人得以使用和制造工具。因为逻辑，人得以认识客观世界，得以认识客观世界背后的本质规律，及人本身与人类社会的本质规律。”

二舅稍停息一会儿，接着说：“你们听说过天书吧?”

“听说过。”纳兰君说：“传说上古荒蛮时期，蚩尤以玄铁作兵，统十万魔众与黄帝会战于涿鹿，黄帝得九天玄女授天书三卷，造司南车破蚩尤迷雾，灭蚩尤统一部落，遂成人文始祖。后有大禹得书治水、张良得书辅汉、鬼谷子授书孙膑等等不一而足。”

“不错，虽然这都是传说，但天书一直就在，一直形象地存在着，它囊括了肉体已泯灭的人类思维的最高智慧，并以不同的符号形式存在着。老子揭示了认识客观世界的根本方法，只是国人治世经用致力于人类社会本身的治理与发展，却没有以此来剖析外在的客观物理，这也是现代科学没有在中国萌芽的一个重要原因。人固有一死，生命之长短以时光来衡量只是毫厘之差，存在的意义却是天壤之别，我再问你们，你们生命的全部意义是什么?”

大家再次面面相觑，默然无声。

“许多人终其一生，几乎没有在世上留下丝毫的痕迹。你生命的全部意义是什么？没有意义！没有意义就是生命的全部意义。是这样么？你心里一定有一种声音说，不是的，不是这样的。你想让生命有意义，只是不知道如何让生命有意义。谁来指引？谁来指引?”

“谁来指引？让你的内心来指引！可是你的内心无法指引，为什么？因为你内心一片黑暗，你心中的灯没有亮，只有心中的灯亮了，才能照亮你人生的路!”

二舅说着抓住纳兰君的手：“这盏灯是什么？就是智慧的灯！纳兰，你生命的全部意义，就是去点亮人们心中的那盏灯！天书是什么？就是智慧之书！要把这本书续下去，不仅如此，还要设法让后人不断地续下去，念念不忘，灯火不息，这就是文明，勿令断绝!”

19

缘觉皈依

二舅是在北安河的庙里圆寂的，弘元料理了一切。生命就是这样，一切的存在，我们觉得都是那么的理所当然，而个体的逝去，我们心底又是那么的难以承受。

二舅圆寂前容颜削瘦，风范淡定，慈悲于相，同身边每个人单独作了交待。二舅最后交给小妖一个锦囊，嘱咐小妖随身携带，遇到难料之劫方可打开，里面自有化解之法，而后安祥示寂。小妖自责于心，几番哭倒在地，被止若阿可拉起径自昏厥过去。

三月底，京城春风依然料峭。

晨曦的云舍，迎春小小的花瓣吐着蕊，渲染着最好的黄。鸢尾已抽花，径尚未露紫，蔷薇枝蔓四处攀附，牡丹的含苞叶芽迎着风。小妖用温水轻轻擦拭着云非云的身体，云非云气血已然恢复，只是仍然昏眠，没有丝毫醒来的迹象。小妖寡语少言，脸上日益消去润色，目光扑朔，不展笑意。阿可来回递补着温水，看小妖言行如此，禁不住眼眶湿润起来。

稍刻，小妖嘱咐阿可帮忙照顾非云，自己径直外出。

凤凰岭下，大觉寺内人烟稀疏，晨霞意冷。转过憩云轩，驻足四宜堂，庭院口一块“止语”的牌子静穆了一切，唯有那株三百年的玉兰诉说着“古寺兰香”。

四宜堂是雍正皇帝以自己斋号命名的建筑，诗曰：“佛殿边旁经舍存，肃瞻圣藻勒楣轩。四宜春夏秋冬景，了识色空生灭源。”

今日是四宜堂“闭口禅”静修之日，只宜修心，不宜开口。玉兰先花未叶之时，以赏花止语来一日修心，也算是禅修难得的法门。京城本无玉兰，乾隆年间大觉寺住持迦陵在四川病故，钟爱之玉兰随灵柩移置京师植于此。此时玉兰花瓣繁硕，满树晶莹宛如玉砌。坐在庭院，围一壶一茶，听一枝一花，无一言一语，世外沧桑阅如幻，枝头芬芳顾依稀，满院的玉雪香脂，似乎合了每个人心中所思所愿。

从大觉寺回来，小妖开始闭言，纳兰止若和阿可心照不宣，刻意左右伴着小妖。

晚饭时小妖开口说要皈依，却是惊了大家。

纳兰看了止若一眼，止若无语，眼神疼怜酸楚。纳兰微笑着，淡淡问小妖，为何皈依？皈依什么？如何皈依？

小妖满眼迷离不再言语。

纳兰说这样吧，南宁子皙师姐二舅生前最为欣赏，佛学之修为同二舅伯仲之间，参透法缘精义，了识色空生灭，能除你心中之苦，阿可陪着你去，就当是外出散散心也好。

小妖泪眼涟涟轻轻点头，阿可搂了过去，小妖止不住抽泣起来。

南宁万象城，集百货公司、五星影院、冰场、品牌旗舰、时尚精品、特色美食于一体，是广西的时尚中心，引领着整个东盟的时尚方向。子皙的服装品牌是精品旗舰店的内核，子皙的设计引领着这里的时尚。青秀山竹溪大道青湖中心近千平米的顶层是子皙的工作室，跃层西南角私密的空间是子皙独处的禅房，房内摆设简约极致，阳台的绿植参差序染，从躺椅斜身下望，即是翠绿满目的青秀山。

子哲事先准备了一些水果，又拿出上好的普洱来招待。

小妖小时候曾在京郊的农庄见过子哲，多年未见子哲依然故我，一身素淡，眉目清澈，气色飘容无痕了岁月留影。随心的简介，不经意的细数，引径入座，剥桔递盘，烧水浇杯，拣茶冲泡，连同问候的语气和音节，都是那么一样的行云流水。

阿可心中暗叹：世间的女子，几世的修为，方可有如此的神韵啊！

子哲续着茶水轻言轻语：纳兰止若电话中把你们的来意给我讲了。其实我知道小妖阿可对佛学亦是颇有心得的。这样吧，南宁有几处寺院环境法缘都很独特，这几日我也刚好空闲，可带你们四处走走。

见小妖阿可点头，子哲接着说，人生过客，恍若游蛉，我姥爷曾是国民党时期的少将，却在少将的位置上自杀了，你们知道为什么吗？

小妖阿可纳闷摇头，子哲淡淡一笑说，他本就错过几次若探囊取物般上升的机会，最后一次认为已是囊中之物，只是最终依然归了别人，于是开枪了却了自己的生命，为什么要这样？为什么自杀？一直以来，许多人都在思考这个问题。其实人生无时无刻不遭遇着问题，一类是有解的。比如我们每个人都可以成为人才，都可以拥有足够的财富，都可以实现全面而自由的发展，都可以活出自己最好的活法，因为这些都是有解的，只要找到解法即可。

还有一类是无解的，比如生老病死，比如爱别离，比如求不得，等等。姥爷升职即为求不得，为无解之题，因为无解又想要解，烦恼陡升无法摆脱，遂成人生之苦。怎么办？于是姥爷找到了解决问题的终极办法——消灭掉问题产生的生命主体。主体不在了问题自然就不在了，情况也确实如此，一了百了嘛，这就是自杀的哲学。纵观历史，人类采取这种方式解决问题的实例比比皆是，情感遇阻的、事业受挫的、委屈冤枉的，可有无数因缘，尤其现在年轻人更是无畏而无惧：怕苦怕累不怕死，要脸要面不要命，哲学的厉害。

一了百了，消灭掉问题产生的主体是解决问题的法门吗？是的！有没有更好的法门，不用消灭生命主体，即可了却生命之苦呢？有！

古印度北部迦毗罗卫国的王子乔达摩·悉达多最先想到了这个法门。乔达摩19岁时有感于人世生、老、病、死诸多凄惨而无解之苦难，毅然舍弃王族生活，出家修行，寻求解脱之道。穿树皮，睡牛粪，独修苦行，35岁在菩提树下大彻大悟，终于证得世间了却生命之苦之终极法门，遂于鹿野苑向阿若陈如等侍从讲述自己彻悟的道理，于是法轮初转，佛、法、僧三宝具足，一个伟大的宗教诞生了。

听到这里阿可忍不住问："虽然我们也读过不少的佛学经典，但始终也没悟透佛学的核心要义，师姐，释迦牟尼证得的法门是什么？"

子皙轻合了一下眉目说，真谛只有一句话，那就是佛祖证得的不二法门，此处不可言，言处不用说。好了今天就到这里吧，你们也累了，好好休息一下，明天我带你们到大明山莲音寺转转，缘起缘觉嘛。

从金字塔到百慕大三角，沿着神秘的北回归线，直通广西上林县大明山莲音寺。莲音寺始建于清光绪年间，因法缘近年按唐代规模复建，中轴对称，建筑恢宏，进入山门，天王殿、大雄宝殿人影恍惚，烟香飘渺。

阿可说：“在外地常碰到一些寺庙明码标价，引诱信徒重金礼香，说什么心诚则灵，求福得福，求财得财，求官得官，保佑平安，祛祸消灾。”

小妖撇撇嘴：“人有善恶，做恶之人在佛门花钱消灾，若真能消灾，佛门成了什么？助纣为虐？若不能消灾，佛门成了什么？敛财法门？”

子哲欣赏地看着小妖，淡淡地说：“《礼记》曰：‘天子七庙，卿五庙，大夫三庙，士一庙’，庙乃供记祖宗、敕封追谥文人武士的祭祀之地，‘太庙’就是帝王的祖庙。寺乃修佛法、结善缘、渡众生之净土，是佛教信徒专职修行之地。庙寺本两分，世人混一谈。经忏佛事，本也为弘法的方便，佛陀以慈悲度众为本怀，经忏以超度亡灵消灾祈福为本意，只是自明清经忏开始兴盛，有人要作恶又要消灾，以重金请僧人念经拜忏，听者无心念者无意，心中法缘唯余钱财，如此之后佛教岂能不衰？”

子哲顿了一下，手指建筑说：“现在不少单位或个人出资复修寺院，心里想的哪里是普及佛法，分明为旅游创收嘛，对于佛门，是幸，焉或不幸？还有不少人，不看佛经，不研佛理，见庙进，见像拜，为何而拜？拜又如何？”说到这里，子哲笑眯眯看着小妖：“小妖，你为何皈依？”小妖言语青涩：“为解脱。”

子哲问：“皈依就能解脱吗？”

小妖眼睛微红，不再吱声。子哲说：“皈依当然能解脱，关键是你皈依什么！明天带你们去看看观音禅寺再聊吧。”

观音禅寺始建于北宋，明万历年间改建为万寿禅寺，近年于原址扩建匿于青秀山公园，更名为观音禅寺。欲进禅寺需购买公园门票，即便如此，这里的游人依然络绎不绝。寺院布局紧凑，殿宇辉煌，宝相庄严。子哲边走边问小妖：“佛学自传入中原，译经之时既与儒道相融，魏晋时期又依附玄学，隋唐走向鼎盛，演化出汉传大乘八宗，其中六宗出自西安，小妖，你来简要讲讲如何？”小妖沉思了一下，说：“小妖随二舅研习佛法，只是略知一二，不当之处还请师姐明示。”随后开始慢慢梳理。

“一是三论宗，祖庭在西安草堂寺。印度初祖是龙树菩萨，乃佛祖圆寂后第一个重要的大乘佛教学者。中国初祖为鸠摩罗什大师，此宗依《中论》《十二门论》《百论》三部论书立宗，思想精髓是缘起性空、破邪显正。其二为唯识宗，祖庭是西安大慈恩寺。创始人乃玄奘大师，游学印度17年翻译了瑜伽系经典，以《瑜伽师地论》为本，糅译出《成唯识论》，强调没有心外独立之境，思想精髓是万法唯识、转染成净。因玄奘大师和弟子窥基住持大慈恩寺，创立此宗，又称慈恩宗。其三是华严宗，祖庭是西安的华严寺。推戴杜顺为初祖，实际创始人为法藏。法藏以《华严经》为根本，认为一切事物都处于总别相即、同异相即、成坏相即的圆融状态，思想精髓是圆融无碍、相互成就。其四是律宗，祖庭是西安净业寺。佛祖入灭时，弟子问要随何人学习，佛祖说：‘以戒为师。’律宗以《十诵律》《四分律》《五分律》为经典，戒法、戒体、戒行、戒相。唐代道宣，在终南山创设戒坛，制订佛教受戒仪式，正式创立律宗，思想精髓是防非止恶、众善奉行。其五是密宗，祖庭是西安大兴善寺。密宗因修习身、语、意三密瑜伽而成就，认为世界万物、佛和众生皆由地、水、火、风、空、识“六大”所造，皆在众生之心。口诵真言咒语，手结契印，心作观想，一切清净即与佛的身、口、意三密相应，即身成佛。始于唐开元年间印度密教高僧善无畏，《金刚顶经》为经典，思想精髓是提升能量、护国佑民。只是这些都在历史战乱和法难中无法延绵发展，最终断绝而消声隐迹了。”

“其六就是净土宗，祖庭是西安香积寺。始祖慧远曾在庐山建立莲社，提倡往生净土，故又称莲宗。后有昙鸾于北方专修净业，每日只诵阿弥陀佛。后又有道绰曾讲《观无量寿经》，又有善导到长安弘扬净土教义，著有《观经疏》，专修念佛，往生西方阿弥陀佛净土，其思想精髓是净化人心、和谐社会。因其修行方法简便，人人能做，户户可行，所以广泛流传至今。”

“不错不错，这些脉络理得很清晰，也算十分难能可贵了。还有两个祖庭不在西安的，阿可，你来讲讲如何?”

阿可自谦：“我可没有小妖姊姊讲得那么好，说个大概吧。另外两个一是天台宗，祖庭是浙江天台山国清寺。创始人是智顗大师，依《妙法莲华经》，著天台三大部，为天台宗根本典籍，思想精髓是一念三千、三谛圆融。另一个就是延绵不绝影响至今的禅宗，大家对禅宗认识都比较多的。祖庭是河南开封少林寺，以修习禅定，参禅悟道为宗，故称禅宗，思想精髓是直指人心、见性成佛。禅宗在中国由初祖达摩一脉相传，晚唐以后禅宗旺盛，最终佛教在中国走向禅净合一的局面。”

话说着，大家已走进观音禅寺的大雄宝殿。殿内分两层，下面供着释迦牟尼卧像，由整块天然缅甸玉雕刻而成，重三万六千八百斤。枕手侧卧，佛相慈祥，栩栩如生。殿檐左右分悬“人天共仰”、“即心是佛”二匾。上层供奉着五方如来佛像，中央是毗卢遮那佛，两边是东方阿閦佛和南方宝生佛，西方阿弥陀佛和北方不空成就佛，为如来五智化身。

子皙带着小妖阿可在殿内边览边讲：“有句话说得好，不懂基督教就不懂西方文化。同样，不懂佛学就不懂中国的文化。这句话不是我说的，而是赵朴初先生说的。中国著名佛教领袖太虚大师说：‘中国佛教的特质在禅。’确实如此。禅宗是释迦牟尼在世时传下衣钵的。”

“尔时大梵天王引若干眷属，于灵鹫山向世尊释迦牟尼奉献金婆罗花，各个顶礼佛足，退坐一面。世尊拈花，瞬目扬眉，示诸大众。众皆默然，唯迦叶破颜微笑。世尊言：‘吾有正法眼藏，涅槃妙心，实相无相，微妙法门，以心传心，不立文字，教外别传，付嘱摩诃迦叶。’随后把袈裟和钵盂授与迦叶，摩诃迦叶遂成禅宗‘西天第一代祖师’。南北朝时，西天二十八祖菩提达摩来到北魏，传法慧可。慧可传僧璨，僧璨传道信，道信传弘忍，弘忍传慧能。六祖慧能虽不识字，却是无师之智。弘忍在房内向其诉讲《金刚经》：过去心不可得，现在心不可得，未来心不可得，心，何时可得？如何可得？‘应如是生清净心，不应住色生心，不应住声香味触法生心，应无所住而生其心。’当讲到这里，慧能大彻大悟，了见心性，即心即佛，禅宗从此法脉源流，再无断绝。”

从大殿出来，子哲静静问小妖：“你皈依什么？”小妖闭目而言：“阿弥陀佛。”子哲手指大殿：“你看大殿二层，阿弥陀佛也仅是如来五智化身之一，阿弥陀佛又有无数化身，你又何尝不是其中之一？你皈依什么？”小妖顿悟，破颜而笑：“我领悟了，我领悟直指人心见性成佛的本义了。谢谢师姐，谢谢师姐成全！我已知道皈依什么，只是我该如何皈依？”子哲点头：“明天我们到水月庵转转吧，水有月影，月有水声，水月相映，心为妙境。”

水月庵始建于清朝康熙年间，近年于青秀山天池西原普贤庵遗址复建，前石壁悬崖古称“撷青崖”，刻有“阳明先生过化之地”，崖下曾有青山寺，环境十分幽秘。从水月庵侧门出来，小妖阿可未置可否，脸上却露出此地并无特别之处之表情。

子哲说：“到梵妙师姐那里去吃个素斋吧，离这里不远。”

经一陡坡小径，豁然一片茂密竹林，移步过去，一青砖灰瓦小院隐于林间。梵妙在这里居修十年，佛学真语脱口可出，一手素斋精妙绝伦，同子哲惺惺相惜，常有往来。

餐食摆好却是惊了阿可小妖，梵妙竟用各种杂粮、瓜果、蔬菜、豆腐、鲜花等原料，雕刻拼制了早已绝唱的《辋川小样》风景拼盘。

见阿可小妖表情惊羡，梵妙淡淡一笑，说：“王维所画辋川别墅20景图磅礴精妙，得知两位小客今日来访，特以‘竹里馆’小样相待，略表心意。”小妖眼光明亮拱手致谢：“独坐幽篁里，弹琴复长啸。深林人不知，明月来相照。真是菜著风景，盘溢诗情啊。多谢两位师姐厚爱！”

梵妙向子哲对望一下，点头轻语：“小妖本就法缘之人，甚为难得。

今日相见，除却素斋，再送小妖几句素语：不是你我选择了苦难，生活原本就在其中。不是生命超越了生活，而是生活成就了人生。”

见小妖阿可低头思索，子晢说：“唐朝著名诗人王维，字摩诘，号摩诘居士，参禅悟理，诗画臻妙，人称‘诗佛’，何意如此？大乘佛教有一宝冠之珠叫《维摩诘经》，讲的是毗耶离城在家大菩萨维摩诘，以居士身份辅助佛陀摄化群生之事。维摩诘虽深植德本久成佛道，但仍在社会各界方便示教，乃至入诸淫舍酒肆而一尘不染，随所化众而取佛土。维摩诘亦出世亦入世，出入一而不二，为何？随其心净，则佛土净。”

梵妙轻轻点头续言：“是啊，心净则佛土净。唯心净土即是不二法门。人不能两次跨入同一条河中，小妖我问你，上一秒的你还是现在的你吗？昨天的你还是今天的你吗？你亦然知道昨天的你，那你如何成为今天的你？又如何成就明天的你？”小妖突入彻悟途径，顿觉一切豁然，站起来向梵妙和子晢深深鞠躬，此时远处传来阵阵梵音，木鱼与飘荡的钟鼓声悠悦耳。

回程火车上，小妖和阿可探讨着春暖花开可去哪里游春，止若来了电话，说云非云醒了，小妖眼泪奔涌而出，姊妹两个搂在了一起。此时子晢来了微信，是一首送行的诗《缘觉皈依》：

沙漠有了水
沙漠就有了一切
心若是沙漠
缘觉是圣水
蓄于心的水
乃灯明亮的源

水在心中流
为首不绝的歌
为何皈依　生命超脱
皈依什么　阿弥陀佛
如何皈依　心无挂碍

无挂碍故　无有恐怖
远离颠倒梦想
终究涅槃

最初的一滴水
般若波罗蜜
燃灯的那滴水
揭谛揭谛波罗揭谛
波罗僧揭谛
菩提缘于觉

20

自由的去向

春光赐我予温暖
我以风采作为回报
神情徜徉华茂
溢出灿烂的力量

夏雨赐我予湿润
我以善意作为回报
点滴浪漫起
润物度化的瑞祥

秋风赐我予舒畅
我以歌声作为回报
悠悠绵延去
轻弹江湖的笑傲

冬雪赐我予安宁

我以沉思作为回报

漫天飘飖的白

融入亘古的畅想

你赐予了我一切

我以什么作为回报

不同的人，眼中的春日是悬殊的。同一个人，不同的心境，春日亦是迥异的。这一年的春，对小妖来说，峰转了寒意料峭，唯余明媚的阳光。鸟啾啁多语，花竞相芬芳的云舍，书房内檀香暗浮，云非云悬腕运力于书案，思绪舒展，行草着所思所想，小妖立一旁静静抚镇着纸张。

云非云脑中淤血尚未完全消除，余留的豌豆大小的淤块压迫着支配神经，加上卧床日久，腿肌无力，仍需依轮椅而行，只是神态已完全恢复，依然是谈笑间樯橹灰飞烟灭般的让人赏心悦目。

因为周末，默西、阿不、阿可早早就来到了云舍，司马暮迟李忆心带着清儿随之而至，算不清有多久云舍里没有了今日这样的人气，大家欣慰于云非云的气色如初，欣喜而喳喳喋喋，唯有已上学的清儿神情孤郁而寡言。

云非云已然知晓出事后发生的一切，见到这些颇有渊源的旧学好友，思绪万千，又被大家蛊惑着写几幅书法看是否一如往日，于是提笔写了这首《无以为报》。

默西看完嘀嘀一笑，忍不住逗趣：“拿什么回报？师兄，你现在只能算是半个自由人，若想以身相报，人家未必肯收呢。”说着眼神瞟小妖。

纳兰君意味深长地接话说：“以身相报是序分，以心相报正宗分。”默西又笑：“纳兰师兄张嘴就是佛语，非云师兄脑子还没好呢，你别累着他。”话语一转：“小妖妹妹，咱俩好像还有个基围虾之约呢，今天总可以兑现了吧?”

止若笑默西：“刚才还风花雪月呢，转眼又饕餮之徒了，真不知到底馋什么呢?”小妖收拾着纸张没有续话，抬眼冲默西灿灿一笑，算是作了回应。

庭院里阳光洒落，洒落的还有宁静与温和。

大家簇拥着轮椅上的云非云来到青石旁，云非云仰脸闭目，任由春光洗刷颜面。小妖止若去厨房开始准备餐饮，纳兰君、司马暮迟和默西回书房商议校庆之事，李忆心阿不阿可碎步于核桃树下，活动着腰肢，兑现着芭蕾和禅舞的韵味。

清儿很没意思地在庭院溜达一圈，掏出魔方坐在云非云身旁把玩，摆弄半晌，愈发杂乱无章，更觉无趣，神情流露出烦闷。

云非云逗清儿：“这好像是我们那个年代的玩意儿，现在的孩子都不玩这个了。”

清儿嘴一撇：“玩意儿还分年代吗？叔叔给表演表演?”说着起身把魔方丢给云非云。

云非云操起魔方，捂在手里晃几下，冲清儿挤挤眼，然后左扭右转一会儿功夫竟然搞定了一切，惊得清儿目瞪口呆。云非云以手指夹着魔方冲清儿炫耀，魔方滑落，滚到左脚一边，清儿呵呵乐不可支。云非云依着轮椅弯身去拣，刚刚差了一点，手指扒拉几下没够着，窘态毕现。清儿伏身取了魔方轻声叹气：“我现在终于明白‘同是天涯沦落人，相逢何必曾相识’的意思了。”

云非云一脸狐疑：“哦，何意啊?”

清儿说：“你受腿的限制，想去哪去不了，你不自由。我受爸妈的限制，想去哪也去不了，我也不自由。咱俩都是沦落人啊!”云非云哈哈大笑：“真是人小鬼大啊!”

清儿头一歪：“人大了鬼就小了吗？逗我玩呢？”云非云更是笑得前仰后合：“了不得，真是了不得啊。”

四月的太湖妙如少女，郁郁葱葱的春色生机着溇港圩田的角角落落。小妖推着云非云跨进庭院，云母和云怡儿早已候在那里。云母静静端详着云非云，没有太多的话，却把小妖拉过来紧紧拥在怀里，喜极而泣。云怡儿晃着云非云的手，嘴里叫声“哥”，眼泪簌簌地流。听怡儿悄声略述小妖把自己带走的前后渊源，望着手拉手亲密说话的母亲和小妖，云非云眼底柔光无限。

云溇的日子里，空气中都流溢着柔情。云非云和小妖除了陪云母说话聊天，白天基本都呆在了五湖书院。

相熟的邻居、经年的好友开始隔三差五来探望，静谧的书院穿插着谈笑风生，往来的白丁杂着鸿儒，让小妖禁不住叹服江南的人杰地灵。

然而来往中最让小妖意外的，却是葛东生唯一的儿子葛义。小妖带昏眠的云非云回京不久，葛东生遭遇车祸而亡，为葛义留下了厚实而庞杂的产业。葛义无意经营，变卖了一切，自己潜心于写作，题目深奥得让身边人一头雾水——中西哲学思想的比较研究。

探得云非云归来，葛义频频来往于书院，同云非云却是一见如故相谈甚欢。

小妖颇为不解，私下问云非云：“为何会同葛义话语如此投机呢？他可是葛东生的儿子啊。”

云非云反问：“我们常说‘物以类聚，人以群分’，我问你，人分几个群呢？”小妖无语。

云非云说：“我们身边的人其实是分四个群，志同道合的稀缺，志同道不合的难得，志不同道合的纠结，志不同道也不合的芸芸。父子未必同群，虽然葛义的父亲乃芸芸之属，但葛义却是少有的稀缺啊。”小妖不语。

稀缺聚在了一起，自然不可避免要讨论稀缺的志和道。

五湖书院里，小妖熟练地浸泡着葛义搜罗来的上好龙井，听云非云和葛义相互间词语激荡，擦碰着思想的火花。

“一百年前，孙中山在海宁盐官观看钱江大潮，留下了千古名言‘世界潮流，浩浩荡荡，顺之则昌，逆之则亡。’真是一语中的，只是整个世界前行的趋势是什么？当前这个世界又处于哪个状态？我们如何来过渡，是主动引领，还是被动追随？”

“是啊，还有我们土生土长的这个国度，究竟要往哪个方向走？为什么会有目前这样的存在？我们一直偏颇的理解着‘存在的就是合理的’，其实存在的一定有存在的理由，但理由未必是合理的，不合理的自然要改变，所以存在的必然会改变倒是十分合理的。那么哪些会改变？往哪个方向改变？如何以最小的成本和代价来实现改变呢？”

“不错，再具体点还有我们所从事的各个行业，如同潮流中的波浪此起彼伏，起的往哪个方向起？伏的如何规避陷阱与风险？规模大了抵御风险的能力未必增强，如何来未雨绸缪？”

“其实我们芸芸众生一直不甚明了，大多数人甚至也不愿明了。大家习惯于在黑暗中摸索，在摸索中度日，这本也无可厚非，因为大家原本就不知未来会去向哪里，原本就在未知中追寻着，而追寻的又往往不是我们真正要追寻的，虽然我们的一生是那么的宝贵而又那么短暂！”

“不错，我父亲就是这样的人，一生十分努力地追寻着，却并不知道自己真正要追寻什么，只把升官发财当作了生活的全部，为此绞尽脑汁而不择手段，达到了事先的预期却又顿感索然无味，人生再次陷入迷茫。这在当今社会其实并非个例，而是普遍的现实存在。您说的对，存在的必有存在的理由，但这个理由未必是合理的，合理的自然会存在下去，不合理的必然要改变。”

“你理解的对，升官发财本身并没错，但未免管窥蠡测，眼界太窄，格调太低，功利主义了，却偏偏又是这个社会普遍的现实存在。不合理的必然要改变，一定还有更具有普遍意义的价值，是我们真正要追寻的，是我们可以发自内心，自豪自傲地宣扬的。而这种价值，必然会慢慢得到大家的共识，最终凝结成旗帜，不仅使后人自觉自愿的传承，也必然会赢得周边异域文明心悦诚服的追随，因为她引领着的，是人类前行的方向。”

“您说的太好了，这样的责任似乎已经落到了我们这一代人的肩上，我们应该力所能及、责无旁贷地起一点抛砖引玉的作用。”

“不错，‘位卑未敢忘忧国’嘛，要有当仁不让的情怀，更要有舍我其谁的豪情。我问你，人类发展的内在动力是什么？”

“您说呢？”

“自由！对自由的渴望和追求，才是我们发展的永恒动力。”

“自由？您理解的自由是什么？”

“不合理的存在一定会改变，摆脱了束缚的存在才是我们要追求的。自由就是摆脱了束缚的存在。人类之所以不断发展，就是因为我们无时无刻不在渴望和追求着这样的存在，无时无刻不在努力实现着这样的存在。我们渴望能够摆脱饥饿的梦魇、病痛的困扰，渴求能够翱翔太空、遨游四海。我们渴求着那一天能够早日到来，没有任何束缚的存在，人类全面而充分的自由。神和神仙其实就是我们人类想象而来的，实现了全面而充分自由的，自己的影像而已。”

“我理解了，只是我觉得自由应该是相对的，不同的历史阶段对自由追求的内容和程度应该也是不同的。”

“是这样的，就目前我们所处的历史阶段来讲，每个人想要实现的，也都可以实现的，至少应该是四个方面的自由，这其实才是我们每个人心中真正的所愿所求。”

“哦，愿听云兄详述。”

“一是身体的自由。首先是人身的自由。这在奴隶社会和封建社会对多数人来讲，终其一生也是难以实现的。当今社会，这早已不是问题，但在某些领域的角落中仍然闪现着‘人身依附’的影子，成为当前最可耻的存在。其次是身体的自由。这和高低胖瘦黑白丑俊无关，健康的身体才是自由的身体。生老病死谁都无法回避，但拥有一个健康的身体，绝大多数人都是可以做到的，只是许多人舍弃了这个追求，身不由己时，已是追悔莫及。”

“二是物质的自由。首先是足额的财富。财富若水，我们家家都有一个缸，给缸里装上足够的水，使家人获得免于物质匮乏的自由，过上更好更体面的生活，是我们人生的应有之义。也就是说实现物质自由，是我们人生的应有之义，是人生的必然追求。虽然人类总体上已获得免于饿死的自由，但仍然有不少的人，生下来就背负着贫困的包袱。在贫困中生存是一种磨难，这不是我们自愿选择的，是上天安排了我们来品味困苦，但我们自己可以选择在困苦中脱颖而出，所以三代赤贫不是一种可怜，而是一种耻辱。其次是清醒的欲望。物质自由，与财富数额、个人欲望，是正三角的均衡关系，在当今社会条件下，处理好这个关系你很容易就能处于物质自由的状态，失衡了这个关系，即使成为首富你仍然是不自由的，因为你做了财富数额的奴隶。在巨富中死去是可耻的，不是说要在临终前散尽家财，但至少我们应该真正成为财富的主人，让死不带去的财富，在慈善中继续闪烁人性的光辉。”

“三是思想的自由。这一点显然最难，能够实现思想自由的人，才算是真正意义上的自由人，每一个人都应该把它作为人生最大的追求。实现了物质自由未必能实现思想的自由，因为巨额财富更容易迷乱人的心性，从而使人陷入更加愚不可及的贪婪。然而实现了思想自由，必然能够实现物质自由，因为对于思想自由的人来说，获得足额的财富，如同探囊取物。你可能会问，‘吾生也有涯，而知也无涯，以有涯随无涯，殆已！’人怎么可能实现思想的自由呢？这有点天方夜谭了吧。当然可以的，这个世界是由现象和本质组成的，现象无穷无尽，知识浩瀚如海，本质却是寥寥可数，认识并掌握了事物各方面的本质规律，就能‘绝学’而‘无忧’，绝学无忧就是思想自由所呈现的存在。多数人之所以做不到，是因为他们失去了通过学习不断提高思想层次从而实现思想自由的能力。尤其中年以后，一些人止步不前，迷失了方向，迷失了自己，他们抱怨生不逢时，抱怨被时代所抛弃。不是的，时代不会嫌弃哪个人，也不会等待哪个人，是我们自己没有跟上时代的步伐！

“四是时间的自由。生命只是时间的一段过程，人活百年，剔除睡觉吃饭上厕所，剔除成人前大部分的无法自主，剔除老年后病痛缠身的万般无奈，我们一生真正能自由支配的时间不到三分之一。这大约三十年的时间对我们来讲是多么珍贵啊，那么我们又是如何去珍惜它的呢？可以自由支配的时间如此之少，我们却仍然不能自由支配。你是时间的过客，你却不能自由支配本可以自由支配的时间，你又何以成就为你呢？”

“云兄一席话，若风若雨若雷若电，使心之境清澈而明朗，云兄的观点让人思之若饴啊！”

“这哪里是我的什么观点，这原本就是客观的存在，是地道的马克思主义的观点，我只不过以自己的语言把它铺展开来而已。身体自由、物质自由、思想自由、时间自由除了生命个体方面的含义，还有着社会层面的含义。”

“哦，请云兄赐教。”

“从社会层面来讲，身体自由是指人类作为最高级的动物，目前的平均寿命远没有达到生理结构可以达到的理想状态，对这方面的探索和追求还有很长的路要走。而同时，人种稳定而有序的繁衍更替，成为更高层次身体自由的自觉表现。”

“从社会层面讲，物质自由是指随着生产力的不断发展，人类创造的总体财富，足以让每个人得以实现自身的物质自由。而同时，在地球能够提供的所有资源中，能够以最低的成本、最环保的状态、最可持续的方式，来支撑这种自由。这种支撑，却是不同区域的不同资源，借以比较优势，通过市场的力量得以自由流动而实现的。”

“从社会层面讲，思想自由首先是思想的解放。每个人都能够不受束缚地自由思考，只有自由而充分的思辩，才能使我们更全面更客观地认识事物，实践会验证一切，历史会更正一切，是真理定然长存，不是真理强权也无用。其次，思想自由就是向真理的无限接近，和真理在世界范围内的自由普及。我们对某行业某领域本质与规律的认识和把握，一定存在着历史的局限性，但随着历史的发展，我们一直在趋近于真理。而无论哪里的思想文化，其真理性一旦被验证，必然会赢得其他地域和民族的追随。正是真理在世界范围内的自由普及，才使人类的思想不断趋近于自由。”

“从社会层面讲，时间自由就变成了特别好玩的一件事。为什么我们在茫茫的大海中，能够确定自己的位置？因为我们人为地设置了纬度和经度，两轴交叉能确定我们在地球表面的任何点位。为什么我们在太空中能够确定卫星的位置？因为我们在纬度和经度的基础上引入了三维的一轴，三轴交叉能确定我们在宇宙空间的任何点位。目前，我们能认识到的时间只有一个轴，所以我们处在三维的空间和单维的时间之中。时间还有一个轴，同现在的时间轴相垂直，标示出了这个轴，我们就能处于三维空间和两维的时间里，那么我们就真的可以穿越到过去，或者未来，从而实现真正意义上的时间自由。”

“云兄您讲得有点深刻了，有些听明白了，有些不甚明了，我需要慢慢理解，慢慢消化才行。”葛义说完起身对云非云躬身致敬。

别离是人生时常要咀嚼的苦楚，回首的期盼和嘱托，却是不得不咀嚼的苦楚中，隐含的一丝香醇。云母放开推着轮椅的手，再次紧紧拥着小妖，叮嘱一定要多回来看看，惹得小妖泪水涟涟，怡儿送与小妖手绣的丝帕竟湿透了半边。

京城的云舍，为给归来的云非云和小妖接风，纳兰君和止若亲自下厨操持了自己最拿手的菜肴，开了波尔多的红酒，为生活的喜悦而提杯满饮，很快两瓶红酒残云见底，小妖脸上洋溢着幸福，青春的容颜流溢着光彩。

饭后，小妖和止若收拾着碟碗，说着姐妹间私密的话。纳兰君推云非云来到庭院的青石旁享受清凉的风，低头喝茶，抬头观月。

说起云溇一行的所遇所谈所想，云非云感慨连连，勾得纳兰君同样思绪激荡，两人开始围着自由的去向侃侃而谈。

“云兄关于自由的看法是明确的。实现全面而充分的自由，不仅是每个生命个体之所求，亦是整个人类社会之所求。只是不同的历史阶段，个体和社会所追求的自由的内容和程度显然是不同的，而这一切，又自始至终在转化着、演变着、发展着。”

“不错，自由的内容可以列出很多的类别，而自由的程度却总可以‘自由度’来一而度之。概而论之，在原始社会，个体和社会追求自由的内容主要集中在物质上，获得足够的物质，让个体和群体在自然界中生存下来是主体内容。由于生产力十分低下，当时没有人能够实现物质的自由。在那个历史阶段，个体和社会总体的自由度最低，然而个体之间的自由度相对来说却是均衡的。”

“战争不是人类所独有的现象，战争的实质本就是配置资源（包括人力）最极端最惨烈的一种手段而已。随着生产力的发展，社会产品在维持人们生活必需外开始出现剩余，私有制产生并分化出阶级，于是奴隶社会出现，少部分人获得了物质和时间上的相对自由，但这种自由不是通过个人劳动来实现的，而是通过剥夺多数人的自由获得的。这个历史阶段，由于生产力的发展，社会总体的自由度得以提升，少数个体自由度趋于最大化，而多数个体的自由度却趋于最小化，个体之间的自由度开始严重失衡，于是对‘人身自由’的追求，演变成了社会群体追求自由的主体内容。这个历史阶段过于漫长，人类为实现个体之间的自由度均衡付出了太多太多。在美国，直到 1862 年 9 月林肯总统发表《解放黑人奴隶宣言》，黑人对人身自由的追求才算真正开始实现。在我国，直到 1951 年 5 月西藏和平解放，封建农奴制度最终被摧毁，个体间自由度的均衡发展也才真正得以普及。”

“不错，近百年来，科技革命使生产力得到极大的发展，人类创造出的物质财富，足以让绝大多数人能够实现相对的物质自由。当今社会，对思想自由的渴求，会慢慢取代对物质自由的渴求，而最终演变成人类社会追求自由的主体内容。”

“说得对，个体和社会总的自由度趋于最大化，个体之间自由度趋于均衡化，不仅要依靠物质财富的极大充沛，更需要社会层面思想自由的支撑。这就是浩浩荡荡的世界潮流，适之则激流勇进，虽然枷锁和桎梏永不会自行消亡，但人们追求自由的步子也永不会停息。”

“纳兰兄总结的太好了，这就是自由的去向。自由和平等同样是不可分割的，只是关于平等的话题不是一时半刻能聊清楚的，今天太晚了，不谈也罢。我想起了一首诗，《自由是一样的》，念予你听听。”

一样吗
山的伟岸和水的柔情
或者，对流淌的追逐
映印了亘立的峰

一样吗
孩子的顽皮和老人的静谧
或者，肆无忌惮的游戏
是他们无碍的交融

一样吗

城市的繁华和乡村的寂静
或者，络绎川流的喧闹
源于农舍的鸡鸣

一样吗
慷慨的赠与和乞讨的怜求
或者，施舍的本义
正是对尊严的包容

一样吗
我和你，或者，你和他

即使心灵沾满尘埃
岁月也将剥去一切
演绎着的终究要褪去
一种声音始终没有离开——
对自由的呐喊

21

平等的来源

北清路一路向西，京密引水渠就是一条分隔线，一边是城里一边是乡下，差别的不仅是林田屋舍，空气也是各自的味道。有人说，城里人和乡下人最大的距离，不在居住条件和生活方式，而是身份背后客观的不平等的差距。理是那个理，只是这种客观是如何造成的，却很少有人言语。然而在多数人眼里，缩短城与乡的差距，最直观的表现，恰恰又是居住条件和生活方式的改变。

转过引水渠，纳兰君驱车一路向西，马路北边的绿色画卷里，豁然亮出排排高楼，栉比如鳞，绵延不绝，俨然一处让人惊羡的现代小区。小区外，醒目的北安河地铁站，被低矮的绿植簇拥着，周边的空旷合着悠远的山野，沉默着美妙空灵的乐感。

许久没往二舅的关帝庙这边来了，周边如此偏僻的村落忽然之间竟然变化如此，不由得让人叹为观止。小妖惊叹："没想到这里的乡民能住上这么漂亮的楼房，周边环境和空气又这么好，你们说城里人会不会羡慕嫉妒恨啊？"

这次到庙里来，是应了弘元师兄之请，给云非云做进一步的治疗。关帝庙周边的村民，早已搬进让人羡慕的小区。参差散落的民宅，拆除未尽，七零八落的残墙断垣，以难以言表的破败立在空旷原野，而其间留存的小庙，青砖碧瓦显得格外突兀亮眼。

弘元正在后院医治病人，听到纳兰君的招呼，弘元的弟子净义迎出门。寒暄过后，大家推抬着云非云进院，净义引大家在长长的凉亭下驻足休息。

凉亭的一端，有四人正在下棋，垂头蹲坐的是观棋者，背手而立的却是下棋的人。

净义理杯沏茶，悄声说，高个下棋的，是弘元师父老家市里的副市长赵川，陪着的是有点血缘关系的一家市属国企的负责人张聪。对弈的，是师父老家建筑队的农民工头季三，旁边帮着出招的是季三的小舅子建筑队的会计赵四。

小妖噗哧笑了：“听起来好复杂哟。”

净义也笑：“更复杂的还在后面呢。”

“赵市长和季三得了早期直肠癌，不愿做手术，通过不同渠道找到师父，几次诊治下来效果良好，两人均已基本痊愈，这次是来复诊的。人和人之间，说不平等吧，病起来也一样，说平等吧，明显又透着不一样，太复杂了，理不清。”净义一番话说得大家笑了起来。

弘元从后院出来，神情略显疲惫，冲赵市长等人点点头算是打过招呼，然后径直来到纳兰君等人身旁。纳兰止若小妖忙起身，小妖错身过去，搀着弘元的胳膊挨云非云坐下。

弘元查看着云非云的面色，说上次送去的中药应该快吃完了，新的已经备好走时不要忘了拿，云非云点点头。弘元又搭住云非云的脉，息言闭目，稍刻说，还好还好，整体状况比预想的好。转头冲小妖，说今天下午先理治一次，一个月后再来，三次基本就能完全消除残余淤血，淤血消除，行走就能与常人无异了。

小妖鼻子一酸，满眼感激之情投向弘元，止若轻轻抓住小妖的手，小妖顺势把头靠在止若肩头，隐去眼中的泪。

午饭时刻，弘元在庙里吃完素斋即回房休息，以便恢复体力。净义按师父吩咐，安排大家一起到后山鹫峰坡上的‘酒不醉人农家菜馆’用膳。

因为不是周末，中午来这里吃饭的人不多，净义轻车熟路找了一个干净的房间引大家入座。大家此前在庙里彼此相互介绍过，季工头岁数最大，被赵市长硬拉着坐在主位上，赵又要去推坐着轮椅的云非云，纳兰君赶紧拉赵市长坐下。张总、李四挨着季工头，止若小妖净义推着云非云依次而坐。季工头应该是有生以来第一次与市长同桌吃饭，又坐在了市长的上位，有点诚惶诚恐手足无措。

赵川笑着说："在北京碰到这么亲的老乡不容易，季老哥比我年长几岁，是我们的老大哥，今天这里坐的都是老乡，没有什么市长不市长的。"稍顿了一下，又说："本来嘛，官员就是大家选出来为大家服务的，社会上只有分工的不同，行业也只是工作性质与内容的差异，哪有什么高低贵贱之别呢。"

纳兰君和云非云对赵川顿生好感。

纳兰君接过净义递来的茶水，顺手给季工头和赵川倒上，说："赵市长，不是恭维您，身为地方大员，如此亲民，如此明理，如此谦逊的，倒是真少见呢。"

赵市长呷口茶说："我也是农民的儿子，大学学的是哲学，毕业后留校教书，后来参加公开选拔进入政府机关，一直干到副市长的位置。官员嘛，首要的是摆正自己的位置。清朝康熙年间，河南南阳内乡知县高以永写过一副对联：得一官不荣，失一官不辱，勿道一官无用，地方全靠一官；穿百姓之衣，吃百姓之饭，莫以百姓可欺，自己也是百姓。说实话，现在的不少干部，思想境界赶不上这个高知县啊。我也是得了直肠癌后，身子不自由了，思想却进一步解放了，对自由、平等、民主等等理解的更深刻一些了。”

纳兰君说：“哦，市长是学哲学的？怪不得有些问题能看得这么透。在学校我学的是历史，但选修课学得最多的却是哲学，胡适先生的《中国哲学史大纲》、冯友兰先生的《中国哲学史》常常抚烂了书角，可许多内涵和思想亦难以彻明。”

赵川兴趣盎然，说：“不只一次听弘元师父谈过纳兰君的事，今日相识实在是缘分，我倒很想听听纳兰君对自由平等的看法哟。”

纳兰君刚想侃侃而谈，止若冲纳兰君挤挤眼，轻声说：“先吃饭吧，下午师兄还要给非云做治疗呢。赵市长思想深刻，下午你可以好好请教啊。”纳兰君尚未接话，赵川哈哈笑着说：“止若姑娘说得对，咱们先吃饭，先吃饭，下午再聊，下午再聊。”

回到庙里，季工头、赵四同弘元师父打过招呼匆匆离去，弘元推云非云进屋闭门治疗，纳兰君、止若、小妖同赵川、张总围坐在凉亭下喝茶聊天。

赵市长说：“我曾经当过县长，又长期在政府部门工作，有很长一段时间都在思考自由与平等的问题。我认为，我们一代代人在用短暂的一生，实践着不断走向自由的使命，而正是人们对自由的追求，催生出人人平等的概念。”

“市长说得对，自由呈现的是人与自身、人与物、人与人、人与自然的关系，内涵和外延要大得多。而平等体现的只是物与物、人与人之间的对等关系，内涵和外延要小得多。这么说吧，假如只有你一个人存在于自然界之中，你和周围的一切发生着关系，在这个世局中，你是完全自由的，但这时并不存在平等的概念。此时再来一个人，或者再来一些人，你想要你的自由，他们也想要他们的自由，你的自由不能侵害他们的自由，同样他们的自由也不能侵害你的，于是平等的概念就此产生。不平等，必然是部分人的自由受到侵害的结果，而这种侵害也必然会成为社会中最现实的风险。”

赵川点点头：“纳兰君说得好，咱们属于私下思想的交流，可以畅所欲言、言而无忌，所谓言者无罪，闻者足戒嘛，请纳兰君继续。”

纳兰君说：“我个人认为，自由是人类的终极理想，现代社会的进步，就是个体和社会总的自由度不断提升的过程，也是个体之间及社会群体之间自由度逐渐均衡的过程。而平等则是物与物、人与人之间的，一种不区别对待的关系和态度。即人人享有一样的社会权利与义务，在政治、文化、社会、经济、法律和规则等方面，没有身份上的歧视，没有或否认世袭的阶级差别或专断的特权。人人全面而充分的自由是人类的终极目标，人人平等则是人人自由的前提，是人人自由得以实现的必要条件。所以我们通过逐渐地达成人人平等，来逐步实现人人自由的目标。几千年来，人类社会为此而不断奋斗、不断前进，当今社会人们对自由与平等的理解越来越深刻，我们距平等与自由也是越来越接近。当然，我们目前仍然还存在着诸多现实中的不平等，只是差距已经越来越小。”

赵川再次点头：“英雄所见略同，英雄所见略同啊。真没想到，在这个问题上我们的看法竟然如此一致。纳兰君你认为目前社会的不平等主要存在于哪些方面呢？”

纳兰君说：“关于社会存在的不平等，总体上看主要存在于两个方面，一是人与人的不平等。曾经一段时间，我们按照家庭出身把人们划分为资本家、地主、富农、中农、贫农、工人、军人、干部等，由于‘成分’的不同，所谓的‘根正苗红’的人及后代与‘地富反坏右’的人及后代，在入学、参军、入党、就业、福利等方面存在巨大差异。改革开放后，取消了个人阶级成分的划分，我们才真正开始进入没有出身和阶级成分差别的人人平等的时代。然而以干部为主体的所谓‘体制内’的群体，同以农民、个体户为主体的‘体制外’的群体，在就业、医疗、退休等方面仍然存在着诸多现实上的不平等。随着改革的深入，尤其十八大以后，随着现代国家治理体系的加快完善，各项社会保障逐步全面覆盖，以公民为基础的，人人平等的局面得以呈现。不论民族、性别、出身、职业、贫富，人人都是共和国的公民，所有人的人权是平等的，这是一个现代国家的基本特征之一。改革改什么？就是要改掉当前仍然还遗留的，人与人不平等的现象，而正是这些，一直以来束缚着社会发展的活力。”

“二是物与物的不平等，即‘公有财产权’与‘非公有财产权’之间的不平等。中华人民共和国成立以后，我们进行了一系列的社会主义改造，私有制基本消除，社会财富归集体和全民所有，每个人都是社会财富名义上的所有人，每个人事实上也都没有什么财富。改革开放以后，随着社会主义市场经济体制的建立与完善，生产力得以极大发展，社会财富呈几何级膨胀，相当一部分人从无产者转变成富裕阶层和中产阶级，这些人的财富只要愿意随时可以转化为生产资料。然而，一直以来‘非公有的财产权’和‘公有的财产权’之间，依然存在着诸多现实上的不平等。其实不论是私人的、集体的、全民的，不论在谁的名下，物权与物权的平等，同样也是一个现代国家的基本特征。改革改什么？就是要改掉‘某些物’在物权上现存的超规格的待遇，真正在权利、机会、规则和被保护方面，实现一一平等。因为也正是这样的不平等，束缚了我们社会生产力的发展，国有企业的‘僵而不死’，民间资本的集体‘外逃’，根源于此。”

说话间，弘元从后房出来，推着云非云来到凉亭，两人神情自然而轻松。小妖赶忙起身接过弘元的手，止若扶弘元坐下。纳兰君把茶重新沏好，一一斟上。

弘元咂口茶，问纳兰刚才谈论什么呢？津津有味的。纳兰君不好意思地说，大家正讨论自由与平等呢。弘元说，这有什么不好意思的，‘民主、自由、平等’是社会主义倡导的核心价值观嘛，应该大张旗鼓地说才对嘛。

喝了几口茶，弘元起身要纳兰单独陪着去庙外转转，赵市长起身和张总一起告辞。

天色已然转暗，暮气迷蒙欲起，纳兰君陪着弘元在庙外废墟间踱步。弘元说："师父曾经留下几句话和一项任务，嘱咐在合适的时候讲给你，所谓当机则妙，当下即为妙时，想说与你听听。"

纳兰君恭敬间低头附耳："请师兄明示即是。"

弘元说："我们常常说到'胸怀'这个词，但很少有谁能更深刻地剖析这个词的内在含义。师父是这样告诫的：要以最开放的胸怀，学习一切应该学习的，包括向我们的对手和敌人学习，所谓'见贤思齐，见不贤而内自省也'，唯此，才能有贯古通今之学业，绝学而无忧。要以最宽阔的胸怀，宽容一切可以宽容的，所谓'乐忧以天下，然而不王者未之有也'，唯此，才能有海纳百川之德业，厚德以载物。要以最深邃的胸怀，赐予一切能够赐予的，所谓'穷则独善其身，达则兼济天下'，唯此，才能有匡时济世之功业，博施于民而能济众，功成可身退矣。"纳兰君默默记下。

弘元进一步解释说："'已所欲施于人'是爱，'已所不欲勿施于人'是德。人所不欲施于吾身，吾当以善报怨。然而无底线的退忍不是胸怀是懦弱，懦弱无疑于纵恶。防非止恶、以直报怨才是真胸怀。所谓大德缘于宽恕，慧随德走，德有多高，慧才能有多深啊。"

纳兰君静静听着，轻声说："师兄的教导，师弟铭记在心。"

弘元语重心长地说："师父希望你能有更大的作为，但更大的作为需要脱胎换骨的变化，师兄已经感受到你的优秀，但百尺竿头须进步，十方世界是全身啊。"

稍顿了一下，弘元说："师父嘱托的书，想必你已有安排。但还有一本，仍然需要你来完成。师兄我虽然机缘巧合得到师父慧体的衣钵真传，能够以功力来消除人体之恶疾，但要把它发扬光大传承下去，需要融入智慧，系统之、理论之，以此提升能量护国佑民。师兄我文化水平不高，虽知其然知其所以然，但难以文字清晰表达。师父曾和我深谈过，最好由我来口述你来落笔立文，成就慧体法门。师父对你用心良苦，希望你能大器终成。师父留下一个偈语，你今后要用心体会，我们都不要辜负师父的期望啊！”

纳兰君附耳过去，听弘元说完，已是泪流满面。

黄昏的灰暗侵染了天际，一层暮气笼罩着破落的乡野。俗语说不破不立，空间既然已腾出，修缮而出的，定然是一幅让人荡气回肠的景致啊。

回到云舍，纳兰君把下午在庙里探讨的关于平等的看法同云非云简单聊了聊，云非云沉思片刻，说：“我同意当今不平等的现象主要存在于两个方面的说法，但最重要的，还是要找出平等的来源。”

“是啊。我们一直认为是所有制造成的不平等，现在看来这种必然性是可以改变和均衡的。私有制直接带来了经济上的不平等，但只要制度设计得好，这种不平等是可以通过收入的二次分配来弥补的，实践已经充分证明了这一点。同样，我们期待公有制能够带来人和人的平等，但如果制度设计不合理，名义上的平等是以牺牲效率为代价换得的，而实际的不平等亦然存在着，改革开放前就是这样的现实啊。”

“分析得好，这么说平等来源于制度设计？”

“我认为是这样的，平等同所有制没有必然的联系，不同的所有制下，只要相关制度充分而完善，相对均衡的平等就能实现。但是这样的制度设计遵循两个基本的原则。一是平等地对待人的社会的共性。人们共有的社会属性天生具有平等性，平等地对待社会属性的共性带来的是平等。具体地说，人们在政治、经济、文化、社会、法律等社会属性方面，是生而平等的，没有人拥有超越的特权。所以，以平等来对待这种平等是平等。比如：政治上每个人都拥有选举和被选举权，都有参与国家治理的平等权利，经济上每个人都有生存发展、从事生产经营、追求实现物质自由的平等权利，文化上每个人都有自由表达继承的或独创的各种文化艺术或技艺的平等权利，社会上每个人都有参与各种社会活动、享受社会资源和福利的平等权利，法律面前更是人人平等，没有人有任何超越的豁免权。改革改什么？就是要完善在共有的社会属性上的无差别的制度设计，以此达成的权利平等、机会平等、规则平等，保障每个人自由的最大化和均衡化。而这种自由，正是社会发展的不竭动力。”

“二是有区别地对待人的自然的个性。人们独有的自然属性天生具有不平等性，不平等地对待自然属性的个性带来的才是平等。自然创造人是不平等的，由于天赋的差异，有的强壮有的残疾，有的天才有的智障，对此我们必须以不平等的制度设计，比如所得税遗产税的征收、不同层次的社会保障和社会福利等，来达成平等的实现。改革改什么？就是要完善在独有的自然属性上的有区别的制度设计，以达成财富上的相对均衡。这既是对弱势群体的关爱，体现着慈善的力量，同时也是对强势群体的潜在的保护，体现着人性的光辉。因为相对均衡才是社会发展的‘稳定器’，而正是这个‘稳定器’的存在，保障着我们免于阶级暴力的威胁，保障着我们每个人的现实自由。”

“确实如此，从全球治理结构来看亦是如此。世界发展到今天，下一步如何更自觉地走向自由的最大化和均衡化呢？我们提出了一个实现共赢共享的人类命运共同体的概念。其关键也在于两个方面，一是平等地对待共性。国家不分大小、强弱、贫富，都是国际社会平等成员，主权和尊严必须得到尊重，在国际政治和国际贸易等方面享受着同样的权利平等、机会平等、规则平等，平等地参与全球治理的决策，享受权利、履行义务。二是区别地对待个性。毕竟各国有大小、强弱、贫富之分，各国承担的全球治理安全责任与费用支出应有所差异，享受的援助应有所差异。从这个角度来看，国家之间的博弈必然会长期存在下去。”

纳兰君沉默半晌，静静地说：“制度设计本身其实就是依法治理。坚持全面依法治国、坚持良法良治是实现人人平等、实现社会公平公正的根本途径啊。”

俩人意尤未尽之时，止若过来说校庆通知来了，下周在母校有几场活动，邀请大家参加。云非云摆摆手说，君兄就作代表吧，我这个半自由人会给大家添太多的麻烦的。突然又问：“二舅对于‘胸怀’二字注释得太好了。君兄，二舅留给你的偈语是什么？能说说吗？”

纳兰君眨眨眼说：“不能。所谓当机则妙，此时不当机啊。”

两人哈哈大笑，正是两腔真言喻乾坤，一曲豪情荡九霄。

22

民主是条什么路

蔡元培先生如若高寿，肯定想不到，1952 年北大会从闹中取静的沙滩北街，迁往稻虫鸣绕的西郊燕园。如若再高寿些，也肯定想不到，现今的北大，经由清幽僻静的郊外，再次融汇于日益繁华的都市，并成为都市繁华的重要组成。

从地铁四号线北大东门站走出，弥漫的晨曦暗自消退，周边的楼宇层次错落，阔绰的马路车流如水，赶路人在穿插，绕桥躲栅。

纳兰君和慕容止若已多年没来过这里，记忆中的矮房小馆，早已不见踪迹，排排精致的楼寓恍若隔世。周边的楼面上、栏杆上、灯柱上，北大校庆的标识随处可见。

“吃个煎饼吧。”止若扯着纳兰君的袖子，转身到地铁口的煎饼摊，张罗了两个煎饼、两杯豆浆。摆弄煎饼的是一对年轻的小两口，手艺纯熟，配合默契，默然无语，额头上浸着一层细汗。

“据说咱们的一个师弟毕业后摆煎饼果子摊谋生，家人朋友同学觉得丢了面子颇有微词呢，也不知现在如何了？”止若嚼口煎饼，手捂了多半的嘴，低声与纳兰说话。

煎饼里筋外脆，葱的香味煎得刚刚好，纳兰君狠咬两口，边嚼边说："行业哪有高低贵贱之分呢，再微小的行业，也是可以大有作为的。真正睿智的知识精英，往往最先进入看似低微的行业，遇到的竞争最小嘛。然后厘清行业碎片化的潜质，经由系统的改良，使品质、规模和效益不断得以提升，在引领行业发展的同时，成就自己的物质自由。"

止若把豆浆递给纳兰君："是啊，前几年我一位师弟养猪卖猪肉大家还不理解呢，之后创立了自己的品牌，目前已经是相当规模的产业了。"

"莘莘学子，理应如此。"

咽下最后的食屑，纳兰君止若穿过校舍向图书馆踱去，绕经29楼，看到了著名的"德先生和赛先生"的雕塑。这是82级本科毕业生献给母校的礼物，代表科学的字母"S"和代表民主的字母"D"相偎相依，"S"上顶着小小的地球。大家总戏称，科学顶个球啊，民主球也不顶啊！

纳兰君和止若相视而笑，止若问："科学的'赛先生'支撑了人类所依存的物质的蓬勃发展，而民主的'德先生'呢？'德先生'支撑了什么？"

"这要问我们的校长'蔡先生'了，因为近代以来，没有谁能比他，更深刻地理解了'德先生'和'赛先生'，也没有谁能比他更坚定地彰显了'德先生'和'赛先生'。"止若点点头，陷入沉思。

诞生于1898年的北大，初名京师大学堂，是中国近代第一所国立大学，也是当时统管全国的最高教育行政机关，可说是"上承太学正统，下立大学祖庭"。1916年蔡元培先生出任校长，"循思想自由原则、取兼容并包之义"，以民主管理、科学治校为主线，推行一系列改革，倡导教育独立，改学门为学系，设立研究所，创办学报，招收女生，中国自此形成了相对完整的近代教育思想体系和教育制度。蔡元培先生对民主与科学的知行合一，使得两位先生的身影，最早于北大落脚，暮鼓晨钟般惊醒国人于混沌，使科学技术和科学思想、民主观念和民主精神，从此在中国开始深入人心。

穿过楼宇林木，在豁然开朗的未名湖畔一路向西，湖面波光如烟隐约，树迹塔影水中闪烁，想起曾经出入的楼阁、留恋的湖岸、如梦而逝的岁月，纳兰君和止若会意而笑，再无半点言语，手扣手静默而行。

未名湖西南，一片林木葱郁之处，立着蔡元培先生的纪念塑像，默西、司马暮迟和李忆心早已候在这里悄声聊天。这是约好的聚合地点，纳兰君和止若悄悄靠近突然现身，吓唬了侧对的司马暮迟和李忆心。

李忆心一身淡绿长衣，亭亭玉立，淡眉轻妆，一幅校花模样。受了止若惊吓，李忆心转身轻嗔，看止若上穿束腰花色毛衣，下配棕色牛仔裤，围一淡紫丝巾，神色清澈如水，拿手轻打了一下止若削肩，说妹妹依稀刚入学的样子，让人好羡慕呀！

止若说校花就是校花，立在哪里都是一番诗情画意啊。打趣间，左绕、张志杰和温思寒迎了过来，几句招呼寒暄，左绕看了看周围的人：“云非云怎么没来呢？这种场合缺了云非云怎么能行呢？”纳兰君接口：“非云兄身体小有不适，这次校庆不参加了。”

“身体不适也要来啊，怎么能不来参加校庆呢？真是的……”

左绕敏锐地捕捉到李忆心眼神闪出的一丝不悦，立马收了口。止若趁机招呼大家：“我们同蔡校长一起合个影吧。”大家响应着错落开来，各自亮出自认为最拿手的姿态和笑颜，揪住一路过的同学以不同角度照了相。

默西说：“上午的活动安排还是比较紧凑的，中午我已在旁边一位朋友的餐厅订了包间，具体位置我会发在微信群里，活动结束大家分头过去即可，不见不散啊。”大家嘴上纷纷点赞。

默西订的是附近有名的直隶食府，虽然主体功能是茶餐，老板却精明地用刻蚀铝板装饰法和部分“三维”造型，打造了一个京畿传统文化博物馆式的环境，成就了饮食与文化的完美融合。门内一幅楹联散发出厚重的文化味道："轩辕台，伯夷庙，吉甫碑基，观圣贤风教所遗，请稽经典；碣石馆，日华室，首善书院，数幽冀人才之盛，直到本朝。"

中午时分，相约的同学参差而来，包间内各自入座茶饮。默西点菜的当儿，司马暮迟和李忆心最后姗姗入席。

左绕起身给司马暮迟和李忆心把茶水斟上，不动声色地问："司马兄这次给母校捐了多少银子啊?"司马暮迟笑笑没有接腔。在回国返校的同学中，唯独张志杰没有捐赠。听得左绕如此之问，张志杰眉头稍皱，摇摇头说："对军政要员和商贾巨富的校友，推崇的有些过了，怎么不推崇几个让人心仪的大师呢，倘若蔡校长在，情何以堪?"

左绕接口说："不是不推崇，是根本就没有，想推崇也推不出!"

"为什么呢?"轻易不说话的温思寒忍不住张口问。

服务员开始陆续上菜，默西自带了家乡酿的高粱酒，给男同学一一满上："难得的日子，难得相聚，哥几个放开喝放开聊，谁也不许耍赖，今天可要尽兴哟。"

"好酒好酒，这可是实实在在的粮食酒啊。"左绕俯身闻闻酒香，扭头对温思寒说："为什么？很简单，因为缺了'德先生'！没有'德先生'怎么能培养出思想者呢?"说完又冲纳兰君："你说呢？纳兰兄。"

默西说："有意思，今天咱们不妨边吃饭喝酒，边使劲聊聊'德'先生，说得好的免他的酒，胡说八道的就罚他的酒，大家觉得如何?"

李忆心拍拍手："现在的气氛，似乎又回到了学生时代，感觉真好，我们女同胞举双手赞同，志杰在海外呆得时间最长，建议志杰同学先讲讲嘛。"李忆心一发言，没有人会有异议，大家边品尝美食边汇了目光过去。

张志杰轻咳了一下，说："对于民主，没有系统地思考过，概念处于一团模糊的状态，一般认为，一人一票的普选制、多党的竞选制、三权分立的模式就是民主。左兄研究的比较深，听听左兄的吧，我这杯酒敬大家。"说完起身先喝了自己杯中的酒。

“志杰酒量好，酒风也好啊，酒量咱们学不来，但酒风可要向志杰学习啊。”

左绕抿口茶接着说：“民主应该是一个现代国家的基本特征。民主的核心要义首先是依法治国，其次是普选，再次应该是分权制衡。对于这些，其实我也没有系统地思考过，所以不敢乱讲，怕罚酒嘛。纳兰君在这方面思考最深，咱们还是听听纳兰君的吧，我这里敬大家。”说完端起杯一饮而尽。

见球踢到了自己这里，纳兰君微笑着接了下来，陪着喝完杯中酒，又轻轻倒满，说：“民主，是我们社会主义的核心价值观嘛。左兄和志杰兄都谦虚客气了嘛，谈点我个人的观点，关于民主，我认为志杰说出的是表象而不是本质，左兄说的是特征和途径，也属表象而不是本质。”

张志杰轻眯了一下眼，说：“哦，那我们就听纳兰兄仔细讲讲，说得好免酒，说得不好可是要罚酒的哟。”

纳兰君把小杯的酒倒进自己的分酒器，端起来说：“民主的内涵和外延太过丰富，不是寥寥几句可以涵盖的，今天就稍耽误大家一点时间，简单而粗线条地阐述一下我认为的民主是条什么路，大家尽情吃饭，权当在听不怎么成调的音乐，若嫌我的话言而无物毫无道理，就罚我喝掉这一壶，若认为我的话'语中有义'尚可借鉴，就多少给点掌声鼓励鼓励，如何?"

李忆心带头鼓掌，大家随之响应，纳兰君开始缓缓述说。

"正如左兄所言，民主是一个现代国家的基本特征，民主的表象和内涵随着社会的实践，一直在不断地演化着、完善着，但民主的本质一直在那里，只不过我们一直以来没有彻底领悟、没有完全把握而已。"

"民主的本质是什么？因为民主一直在进程中，所以难以准确而统一地定义它。我个人认为，从结果上讲，民主就是人民当家作主，也即在公共事务上，贯彻和体现的是最广大人民的意愿。从属性上讲，民主是保证民有、民授、民治和民享的所有法律、法规、规章、制度的总和。从功能上讲，民主是实现人人平等、实现人类自由的唯一途径和制度设计。从价值上讲，民主是一种观念，是被不同文化所普遍接受的最核心要素，也是人类制度文明的最高表现形式。从进程上讲，民主一直处于不断完善的过程中，当前已被世界绝大多数国家所认同和追随。那么，民主如何得以实现呢？虽然各国的实践互有差异，但基本都是围绕民有、民授、民治和民享四个方面不断完善着。假如设计一个百分制的民主实现程度的评估体系，民有、民授、民治和民享各占二十五分的话，再以此来衡量对比一下当下各国的民主实现程度，其结果可能完全出乎大家意料之外，因为中国不仅是一个现代的民主国家，而且我国的民主实践，早已远远走在了理论修缮的前面。"

除了轻轻的夹菜咀嚼声，房间里突然静谧起来，大家静心听纳兰君细述。

"首先是'民有'。所谓'民有'，广义上讲，即一切权力属于人民，人民依照法律规定，通过各种途径和形式，管理国家事务，管理经济和文化事业，管理社会事务。狭义上讲，所谓‘民有’，也即人人生来所拥有的权利，即人权，是指个人依法享有的生命、人身和政治、经济、社会、文化等各方面的权利。比如政治权，年满十八周岁拥有的选举权和被选举权。比如享有的言论、出版、集会、结社、游行、示威和宗教信仰自由的权利。比如享有被抚养、接受教育、自愿就业、自由发展及各种社会福利保障的权利，等等。以最高法律效力的根本大法——宪法的形式，将这些人权明细化，使‘民有’通过宪法的具体条款得以保障和实现，是一个现代民主国家的首要的基本的特征。由于各国文化渊源的不同，对人权的理解有所不同，各国宪法对‘民有’的具体条款互有差异，这也是必然的，但对于其中基本的条款，也都有着相同的内涵。我国‘民有’的进程也是在曲折中不断前行的，1982 年我国第四部宪法颁布，清晰确定和完善了‘民有’条款的具体内容，标志着我国现代国家治理体系的突破性进展。其间经过几次宪法的修订，目前在关于‘民有’的框架内，对基本的生命权、自由权、财产权、尊严权、获助权、公正权的保障，同西方其他民主共和制国家差别不大，二十五分若打分的话，都应该在二十分左右，需要进一步改进的地方，主要是在‘财产权’方面的保障上，及对违宪的审查与惩处的配套规则上。”

“其次是‘民授’。‘民授’就是人民授权，准确地讲就是以最合适的方式，公平公正公开地，将权力授于品德最高、智慧最高的一批人，来代表人民并以人民的意愿来治理国家。‘民授’的进程是最复杂也是最有意思的一个环节，不少国家都经历了由武装夺取政权，再到以选举为核心的和平授权的过程。比如美国的建立，最先想通过谈判从殖民者那里获得应有的权利，不能实现，最后不得不通过独立战争，以暴力的方式获得了权利，之后以选举的方式使授权得以不断实现。法国也是一样，大革命获得权利后最终过渡到和平选举的民授方式。中国也一样，‘戊戌变法’没有成功，辛亥革命以武力方式获得权利，最后同样过渡到以选举为核心的人民代表大会制的授权方式。以选举为核心的‘民授’同样是现代民主最基本的特征。因为，虽然人人都有参与国家治理的权利，但不可能人人都来行使权力，需要选举出真正德才兼备的代理人，替我们行使这个权利，所谓的‘政府’就是这样的代理人。人类历史，从原始氏族社会、奴隶制、封建制、君主制、共和制一路而来，目前以选举制度为核心的民主共和制，是当今最先进最文明的政治制度。目前多数国家以宪法及其他相关法律来保障落实选举制，并坚持普遍选举、平等选举、直接（或间接）选举和秘密投票等基本原则。由于历史和文化背景不一，各国在具体的操作细节上各有不同。我国是人民共和国，实质是民主共和制的一个典型，也有着自己的选举特点。”

“比如普遍选举，西方国家很长时间以来对选举都有不少的资格限制，直到 20 世纪初才真正实现普遍选举。我国选举制度规定，凡年满 18 周岁的公民，不分民族、种族、性别、职业、家庭出身、宗教信仰、教育程度、财产状况、居住期限都享有选举权（依法被剥夺政治权利的人除外），使普遍选举得到最充分的制度保证。关于平等选举，是指选民在平等的基础上参加选举，‘一人一票，一票一价’成为各国普遍采用的原则。我国的选举制度也采用这一原则，英国曾实行复数选票制，直到 1948 年才最终废除。”

“直接选举和间接选举的使用，在不同的国家差异较大。直接选举，是由选民直接投票选出国家代议机关的代表（议员）或其他公职人员。间接选举，是先由选民选出代表或选举人，再由代表或选举人选出上一级代表或国家公职人员。目前西方国家有的采用直接选举（比如法国），有的采用间接选举（比如美国）。我国面积大、人口多、经济文化水平低，采取了直接选举和间接选举并用的选举制度，即县级及以下人大代表实行直接选举，县级以上的实行间接选举。选举采用秘密投票的方式，又称无记名投票，这是各国都普遍坚持的原则。”

“在选举方面，差异较大的是‘竞选’方式的采用。所谓‘竞选’，是指在投票选举国会议员和其他国家公职人员（如总统、副总统等）之前，各候选人展开的争夺选票的活动。首先是各政党推出自己的候选人，候选人组织竞选机构，公布竞选纲领，筹措竞选经费，利用电视台、报刊等传媒宣传，拉选票。选举的根本目的，是要将人民的权力最终授予最有资格代表人民的人，‘竞选’既不是唯一的方式，也不是最有效的方式，因为‘竞选’并不能保证选出的一定是最有资格代表人民意愿的人，西方许多这样的总统都是竞选而来的嘛（不好举例，比比皆是）。我国实行的是人民代表大会制度，相当于西方国家的“议会共和制”，全国人大和地方各级人大由民众民主选举产生，有最高的立法权、决定权、任免权和监督权。在我们这样一个大国，正是通过人民代表大会制度，使‘民授’得以普遍的、平等的、间接地实现，选举出的领导人在能力、学历、执政经验等诸多方面基本是同龄人中的翘楚。在‘民授’的二十五分的框架内，普遍选举、平等选举、直接（或间接）选举和秘密投票等基本原则同西方其他国家差别不大，而内在机制却各有特点，打分的话也基本是在二十分左右，需要改进的地方，是人民代表大会制度的进一步完善，更为关键的，是党建方面的突破与完善。”

“民治有两层含义，第一层就是以最广大人民的意愿而不是统治阶级的意愿来治理国家。为了让这样的民治落实，多数国家走的是‘三权分立’的路子。三权分立亦称三权分治，是指司法权、行政权和立法权的相对独立。三权分立的实现模式，在西方各国也各有不同，最彻底的是美国，而其他绝大多数西方国家采取的是议会制，即立法权与行政权不分立。议会不仅是国家的立法机关，而且是国家的权力中心。我国的人民代表大会制度实质就是议会制。在议会制下，政府（内阁）由议会中占多数席位的政党组成，并对议会负责。‘议会至上’实质就是‘执政党至上’，所以不可避免地存在着一党长期执政、两党或多党轮流执政的客观现实。比如，日本二战后自民党长期执政，新加坡自独立以来一直是人民行动党执政。一党长期执政同民主并不矛盾，关键在于落实的是不是最广大民众的意愿！而且，如果相关机制设计得好，反而能加快推进民有、民授、民治、民享的进程，新加坡就是现实的例子，谁能说新加坡不是一个现代的民主国家呢？”

“‘民治’的第二层含义，就是民众能最广泛地参与到各个层次的国家治理之中。具体表现在两个方面，其一是国家重大战略的决策制订，能够最有效地集中民众的智慧。其二是民众能够最广泛地参与到国家战略具体落实的各层实践上。而在‘民治’的这一点上，我国在实践中远远走在了前面。由于党的广泛的群众性，及党组织在村庄、企业、政府、军队与社会组织的普遍性，各级组织通过以民主集中制为核心的制度形式，将最广泛的人的思想和行动统一到治国理政的具体实践上，使‘民治’得以最充分地实现。所以我们能在最短的时间内，达成历史上其他任何国家都不可能实现的成就，而这，恰恰是西方国家最短板的地方。议会上大打出手，议而不决，民众思想散乱、治无出处，经济社会徘徊不前，这些在当今西方国家可说比比皆是。若以‘民治’的二十五分打分，西方不少国家在十五分左右，而我们则应在二十分左右。需要改进的地方，主要集中在如何使‘决策’真正代表最广大人民的意愿，及‘决策’的及时性、科学性的保证上。”

“‘民享’的意思最好理解，就是所有的民众，能共同地享有社会发展创造出的全部物质财富和精神财富。但共同享有不是均等地享有，若什么都不干又什么都想要，社会就无法向前发展。共同享有遵循的是谁创造谁劳动谁所得的原则，享有的比例同贡献程度成正比，这是绝大多数国家坚持的原则。但同时国家通过税收的方式，对财富进行二次分配，通过社会救济和福利保障的方式对财富少的人进行贴补，从而使‘民享’最公平地得以实现。这方面我国还有相当大的差距，若打分的话，西方一些发达国家在二十分左右，我国目前只能说在十五分左右，最迫切改进的地方，就是对最富裕的一批人进行财富调节，比如遗产税和房产税的差别化的征收等等。另外就是对社会保障体系的进一步完善，涵盖每一个行业、每一个人，使‘民享’最广泛最平等地得以实现。然而，不管社会如何发展，永远有一批人会处于收入最低的阶层，消灭贫富差距，不在最富与最穷之间财富数额上的差别，关键是社会上最穷的一批人，也能够获得免于物质匮乏的自由，过上体面的自主的生活，这也是‘民享’最本质的含义。这样的社会，也才是真正的社会主义社会应该呈现的样子。”

“有人说我们现在不是市场经济国家，他错了，我们当然是市场经济国家，我们只不过有着自己鲜明的特点，同时还需要在市场对资源调配起决定作用方面进一步完善。有人说我们还不是一个现代民主国家，他错了，我们当然是现代的民主国家，同样也有着自己鲜明的特点，同样也还需要围绕民有、民授、民治、民享等方面不断地改进、不断地完善。这就是我们的民主之路，也是我们脚下最客观、最现实的民主之路，其中的一些本质含义，同样具有‘普遍意义’的价值，对世界不发达国家、发展中国家甚至发达国家，同样具有启迪和借鉴意义。”

纳兰君话音刚落，默西和李忆心率先站起来端杯敬酒，司马暮迟、左绕、张志杰等端起酒杯随之站起身来。

默西说：“君兄之言，清晰可辨，言之有理，剔除了我脑海中关于民主的模糊的、零碎的、谬误的概念，第一次如此完整地理解了民主的含义。现实也确实如此，实践已经远远走在了前面，我们需要根据实践的发展，来不断丰富和完善关于民主的概念，抛弃一些原教旨主义的东西，让我们的思想认识能够跟上实践的步伐。来，我们大家一起敬纳兰君。”

纳兰君端起自己的分酒器，感触地说：“以上纯粹是个人之见，定有诸多不妥、不当之处，所以斗胆述说，全为抛砖引玉，引得大家思考而已，我敬大家，我敬大家。”

从直隶食府出来，大家一一握手道别。李忆心同止若拥抱了一下，附耳过去说了几句悄悄话，止若笑而不言，再次回拥了李忆心。

众人散去，止若轻轻扯过纳兰君的衣袖，说好久没在未名湖边坐坐了，想再去湖边走走。纳兰点点头，轻轻搂了止若的肩，默默向母校走去。

23

礼是法的“奶奶”

止若的姑奶奶随姑姑一起来到了京城。

姑奶奶已经86岁，耄耋之寿竟也耳不聋眼不花，腿脚灵便，常使许多身不遂心的晚辈惊羡且自惭。姑奶奶一生几乎从没有离开过柳江古镇，若不是姑姑坚持，这一次也是唯一一次的遥远之旅，不知今后还能否成行。

止若眼里，姑奶奶的存在，本身就是真实于眼前的零星而恒久的回忆。

姑奶奶头发盘得十分平整，身体纤修莹瘦，颜面干净矍铄，见到止若，自然伸开了双臂，弥漫的温情暗喻着召唤，似乎止若仍然是尚未长大的孩子。

止若一下子扑过去，紧紧拥抱着姑奶奶，嘴里喃喃着奶奶奶奶，眼泪唰一下奔涌而出。

姑奶奶给止若带来了手织的“百鸟朝凤”蜀锦被面，桑蚕丝的料，彩条经线相织，缎面平滑细腻，款式别致艳丽，是姑奶奶手工了一辈子的活计。姑奶奶还带来了自己腌制的泡菜，一坛荤的是泡椒猪皮，充斥着山椒、嫩姜、花椒、八角，加了冰糖和醪糟，口感柔脆、醇香绵长。另一坛泡的是各类蔬菜，黄瓜条、萝卜皮、芹菜段、圆白菜的混搭，配了柠檬和洋葱丝，蔬香扑鼻。

背人的时候，纳兰对止若说，姑奶奶还真是讲究啊。止若轻笑，眼神中透着自豪，说姑奶奶是家族里最讲究的人，在妯娌亲戚、街坊邻居的眼里，姑奶奶无论处理邻里关系，还是安排自家生产生活，从来是左右合度、从容得体。姑奶奶教育晚辈最多的，就是凡事都要讲“礼”，和姑奶奶在一起生活的越久，你就越能品出其中的智慧呢。

接着的几天，止若带着姑姑和姑奶奶去了故宫、颐和园、十三陵和圆明园，恨不得自己觉得好的地方，一次就让姑奶奶逛个够。由于日程安排过满，加上舟车劳累，饮食也不是很适应，姑奶奶气喘的老毛病开始犯了。这几日没再出门，依偎在床上休息，脸色暗淡了许多。

止若感觉自己犯了不可饶恕的错，坐在姑奶奶身边，眼泪簌簌往下流。姑奶奶安慰说没啥子关系啦，是自己老了不中用了，麻烦拖累孩子了，歇息几天就好了。还说，京城里挤着这一堆堆的高楼大厦，常年上不见天下不接地的，真是难为你们了。

纳兰君就悄悄同止若商量，一渡山青水秀，最适宜调养身子，带姑奶奶去云舍住两天，没准姑奶奶喜欢呢。止若给姑奶奶一说，姑奶奶果然开心，并暗自吩咐姑姑带上备份的礼物。

到云舍，姑姑将“龙凤呈祥”的被面递给小妖，说是姑奶奶亲手织的，小妖开心地搂着姑奶奶不放，流溢出的亲热，温暖着每个人。没两天，姑奶奶的气色就好了许多，开始在庭院里帮着小妖摆花弄草。

在弘元师兄的精心调理下，云非云已然可以偶而站立挪动几步，虽然还离不开轮椅，但康复已是早晚的事。姑奶奶来后，云舍里愈加弥漫出家的味道。这几日天清气爽，碧天游云之下，拒马河潺潺淙淙，远离了都市的繁杂，大家尽情享受着属于自己的日子。

午饭后，核桃树下，大家围着青石喝茶，小妖靠着姑奶奶，有意撒娇：“奶奶，您每年来京城住一段时间好不好？小妖还想跟着您学几道拿手的菜呢。”

姑奶奶摇着小妖的肩：“好啊好啊，奶奶也想常来看看精灵精灵的小妖呢，只是京城太偏僻了，走一趟不容易啊！”

“京城太偏僻了？奶奶，您说错了，不是京城偏僻，是您住的柳江古镇太偏僻了。”小妖咯咯笑了起来。

云非云看着小妖，眨眨眼说：“奶奶说得没错的，住在柳江看京城，京城确实是太偏僻了。其实在每个国家的地图上，这个国家都处于地图的中心，距离远的地方都是偏僻之地啊。”说完又问姑奶奶：“奶奶，您觉得京城好不好？”

姑奶奶沉思片刻，认真地说：“京城好啊，人多地挤，繁华热闹，却是个没什么文化的地方。”小妖再次咯咯笑了起来。

姑奶奶稍囧，悄声接了句：“我们眉州还有个三苏祠呢。”

纳兰君和云非云对视一下，不禁轻轻点头：姑奶奶眼里，京城是楼宇的森林，文化的沙漠。

小妖来了兴致，抓着姑奶奶的手，摇摆着：“奶奶，那过两天我们跟您一起回去好不好？我还从没去过眉州呢。”又转身对止若：“姐姐，我们一起陪奶奶回眉州好不好？”止若点头，纳兰君和云非云会意而笑。

不日，一行六人，自京城一路开车而下。路上小妖缠着姑奶奶诉讲着遥远的旧事，恍惚间已来到眉山，三苏祠是必经之地，自然要去朝拜一下。

“一门父子三词客，千古文章四大家。”祠前的门联遒劲飞扬，让迈腿的人肃然起敬。纳兰君推着云非云，止若小妖簇拥着姑奶奶顺序而入，一位眉目清秀，身材圆润，依稀阿可模样的导游正朗声解说。

随着身边游人的聚集，小导游愈发口齿伶俐横生妙语：“苏轼的诗词我们大多耳熟能详，今天姑且不讲，但苏轼四川人特有的特立直行的品性，及因此而波折多舛的人生不得不说，大家愿不愿听？”游人稀疏的掌声也算作了正向的回应。

“苏轼二十岁出川赴京赶考，名动京师，正欲大展身手，母亲病故，于是随父回乡奔丧。三年守孝期满回京科考，得“百年第一”，授大理评事、签书凤翔府判官。之后其父苏洵病逝，再次还乡守孝。期满还朝，此时涉及各方利益的王安石变法开始了，苏轼的命运也从此愈加跌宕起伏。”

“大家知道，宋朝建立以来，由于国策不当，社会各层矛盾叠加，国力积贫积弱。为革除病弊，扭转国运，宋神宗任王安石为相，在全国大力推行新法，开始了中国历史上第二次大规模的变法运动。新法涉及方方面面，有军事上的，经济上的，也有科举方面的。由于操之过急，有些措施呈现出一些负面消极的效果，苏轼看到这些不足，开始仗义执言，上书朝廷谈论新法的弊端，最终遇到改革派的陷害，一场‘乌台诗案’，入牢百日，濒临砍头危险。好在太祖赵匡胤曾定下不杀士大夫的国策，苏轼总算躲过一劫，降为黄州团练副使，远离了朝堂。”

“后来宋哲宗即位，反对变法的司马光被启用为相，又开始在全国废除新法，恢复旧制。苏轼复出，很快升为翰林学士。然而当苏轼看到保守派尽废新法而引发的种种弊病时，再次上书直言，于是再遭陷害，被贬杭州、颍州、惠州，六十岁流落至荒凉的海南儋州，直到宋徽宗时遇大赦北还，途中不幸病逝于常州。在整个贬官流落期间，苏轼于任上依然开除葑田，疏浚河道，革新除弊，勤政为民，做了颇多的好事，而其创作的不少诗词、散文更是代代传诵，成为千古绝唱，光照青史。大家说苏轼是不是我们眉州人的骄傲、四川人的骄傲？”导游语音未落，游人掌声四起。

小妖附在姑奶奶耳边，说奶奶您也是我们眉州的骄傲。姑奶奶嘴里说着鬼精灵的丫头，却也笑得眼睛眯成了缝儿。

经启贤堂、瑞莲亭一路走来，翠竹浓荫之中，亭台错落，楼榭掩映，孕奇蓄秀处，诗刻千载。止若小妖等随导游进塑像馆参观，纳兰君和云非云在馆外长椅旁歇息聊天。纳兰君说：“三苏祠里文化多啊，云兄，你如何历史地看苏轼命运的不平？”

云非云沉默片刻，颇为感慨：“苏轼的人生看似偶然其实必然，其实我们每个人都处于‘礼’和‘法’不断演进的世局中，要想彻底剖析透，至少需要从‘法’‘变法’‘法治’三个层次来厘清啊。”

“哦，愿听其详。”

“我们知道，‘礼’是我们文化的逻辑元点，起源最早，覆盖最广，泛指人们生活中种种的行为规范、规则、规矩和秩序，自觉遵礼即为‘德’，违礼受惩引为‘法’。所以在古语中‘法’的最初本义是刑，《说文》：‘灋，刑也。’《书·吕刑》：‘惟作五虐之刑曰法。’《管子·心术》曰：‘杀戮禁诛谓之法。’所以，礼，然也，德者禁于将然之前，法者禁于已然之后。法的出现比礼晚了太多，论辈份，礼当称是法的‘奶奶’呢。”

“春秋时期魏相李悝集诸国刑典，造《法经》六篇，改刑为法。商鞅变法，改法为律。延续下来即秦律、汉律、魏律、晋律、隋律、唐律、明律、清律，宋代称刑统，元朝称典章。我们现在讲法，是指国家所制订颁布的、人人必须遵守的一切规范的总称。”

“‘法’既然是人们制订出的行为规范，那么它天然具有必须不断改变的属性。原因很简单，实践在发展，历史在前进，‘法’必须随实践而变，以适应变化的实践，所以变法是时代永恒的主题。众所周知，我国历史上有四次大的变法，公元前356年商鞅在秦国的变法，公元1068年王安石在北宋的变法，1898年康有为、梁启超在清末的‘戊戌变法’，还有就是八十年代以来，中国推进的改革开放，也即当前正经历的最为广泛而深刻的变法。为什么要变法？因为这是社会发展内在的要求，只有变才能发展进步，不变的走向，只能是腐朽和灭亡。只不过我们现在不叫变法叫改革，国家要长治久安，改革就永远在路上，这已是当前人们形成的普遍共识，

‘天道不足畏，祖宗不足法，人言不足恤’，变法会永远贯穿历史的始终。”

“云兄说得好，像苏轼这样的人颠沛流离，显然是社会出现了问题，如若社会不变，这样的历史代代都会重演！”

“不错，那么如何变呢？只有把‘人治’的社会进化成‘法治’的社会，才能最大限度地避免才俊多难的历史重演！那么，什么才是真正的法治社会呢？主要在两点：一是要有完备而优良之法，即有法可依，这是法治存在的基础；二是法必须得到所有人普遍的遵守，即违法必究，这是法治具体的体现。完备而优良之法从来是动态的，它随着实践而不断完善，所以法治的根本，就在于所有的人必须遵守现存之法。换句话讲，就是‘一切国家机关和武装力量、各政党和各社会团体、各企业事业组织都必须遵守宪法和法律，一切违反宪法和法律的行为，必须予以追究’，‘任何组织或者个人都不得有超越宪法和法律的特权。’”

“历史上，中国从不缺法治的思想，但从没有做到真正的法治。秦朝时‘王子犯法与庶民同罪’的思想既已实践，但历朝历代都是‘刑不上大夫’的治民政治，当权者豁免于法律法规之外，‘法’沦落为‘大官治小吏’‘小吏治百姓’的工具，苏轼的人生即是这样社会的一个剪影啊。”

“是啊，这样的政治世局不变，中国就永远不可能进入真正的法治社会，但要改变这种世局，无疑于革当权者的命啊！”

“不错，改革的悖论就在于此。改革需要当权者来推进，但改革本身就是对一部分人利益的调整和革除，所以但凡改革一定会受到部分人的反对和抵制。商鞅悲惨的命运，王安石变法及‘戊戌变法’的失败，其内在机理就在于此。所以任何朝代、任何国家，若想重大变革顺利实施，很大程度上，取决于最高当权者的政治权威和政治智慧。”

“这似乎又是个悖论，因为大家心目中，常常把权威主义等同于人治与专制的表现啊。”

“谬也谬也，权威主义同人治、同专制并不形成必然的逻辑关系。当权者自己游离于法律法规之外，却以法治民是人治；当权者不享特权违法必惩，民督治吏是法治。当权者凭自己的意志，独断专行是专制；当权者按人民的意志，果敢决策就是民主，为民作主啊！”

“是啊是啊，变法能否推进，改革能否成功，不仅需要政治的权威，真正考验的，还有权威者当机则妙、依法施政的政治智慧啊。”

塑像馆里，在王弗、王闰之、王朝云的塑像前，导游讲起苏轼与三位夫人的典故逸事，止若随口诵出苏轼为王弗写的悼亡词《江城子·记梦》：

十年生死两茫茫，不思量，自难忘。千里孤坟，无处话凄凉。纵使相逢应不识，尘满面，鬓如霜。

夜来幽梦忽还乡，小轩窗，正梳妆。相顾无言，惟有泪千行。料得年年肠断处，明月夜，短松冈。

还有为王朝云写的《蝶恋花·春景》：

花褪残红青杏小。燕子飞时，绿水人家绕。枝上柳绵吹又少。天涯何处无芳草！

墙里秋千墙外道。墙外行人，墙里佳人笑。笑渐不闻声渐悄。多情却被无情恼。

小妖听得目光痴痴，喃喃道：“我若死了，能有人为我写出这样的词句，也是值了。”

止若忙回语：“呸呸呸，不许瞎说。”小妖眼圈一红，再没吱声。

柳江镇，地处洪雅玉屏山麓，三面环水，花溪河、杨村河蜿蜒而行，穿镇而过。据考此地原名芦村，始建于南宋，域内古木参天，旧屋栉比，石径环江斗转，石桥凌空横流。古镇南北迥然不同，镇南交通便利，商业繁茂，每逢假日游人如织。

而镇北却另有一番景象，巷窄道偏，人居稀疏，民风古朴，姑奶奶就在此临花溪河而居。

姑奶奶目前一人住在古屋，走进庭院，不大的面积一株老樟穿天而出，枝干簇簇，半是干枯半为蔚然，凸显着生命的延续与轮转，而青石地面参差的凹痕，诉说着曾经的岁月蹉跎。其中一间房内，放着织锦用的小花楼木织机，祖上传下的，姑奶奶和姑姑仍在使用。

锦，本是丝织品中最为精致、绚丽的珍品，因其制作工艺复杂，耗时费力，《释名》云：‘锦，金也，作之用功重，其价如金，故其制字从帛从金也。’

自古以来，一锦难求。姑奶奶是此地唯一掌握全套手工织造技艺的，每年的产出不多，却足以让家人因此而过着十分体面的生活。姑姑手抚织机，从打节、打竿儿、拉花、投梭到转下曲、接头，细说着织造的每道工序，织造的声响似乎从未逝去，千百年的时光恒定在彩色的丝线，唯有梭子在其中甩进甩出。而姑姑享受而自豪的神态，彰显着在手艺方面已得姑奶奶的真传。

亲戚邻居听说姑奶奶回来了，纷纷前来问候探望，姑奶奶拿出早已备好的京味特产茯苓饼、驴打滚、福字饼、枣花酥、山楂锅盔及各色果脯，一一分发给大家，院内嬉笑打趣之声此起彼伏，温情随风流曳，回荡于古镇上空。如此亲朋友善、邻里和睦的场景，似乎从来就是古装戏里才有的画面，这是一种不可或缺的人间真情？或者是一种不可失去的文化传承？

纳兰君推着云非云从古屋出来，沿着河边小径，享受着山色空蒙，思考着古镇的人生。纳兰君说：“云兄，我已然明了姑奶奶为什么说京城是个没有文化的地方了。”

“哦，讲出来听听。”

“京城繁华于物的表面，文的内理却虚空，横流的是物欲，碎裂的是传承。忘记、甚或割弃了‘礼’这个‘奶奶’，‘德’既成无源之水、无本之木，人必然是焦灼躁动的，没有清静平稳的心，哪有愉悦而得体的生活啊。”

云非云说：“是啊，礼为表，德为核；礼为显，德为隐。子曰：‘不学礼，无以立。’《诗》曰：‘相鼠有体，人而无礼；人而无礼，胡不遄死？’所谓道之以德，齐之以礼，有耻且格。不讲礼的人，哪有羞耻道德可言啊。

“不错，‘齐之以礼’以达德治。我们不论什么人，一定处于君臣（上下级）、父子（母子）、兄弟（姊妹亲戚）、夫妇和朋友等人伦关系之中，谁也躲不过。每个人伦角色，必有其行为规范和基本准则，比如‘忠、信、孝、悌、礼、义、廉、耻’等等，这些恰恰是我们民族精神素养一脉相传之内理，也是我们必须遵循的基本的人伦准则，失去了这些，我们很难想象社会将走向何方？”

“是啊，‘齐之以礼’实则两层含义，一是以礼规范人的行为，二是在规范上人人‘齐之’，亦即规则面前人人平等。不论时代如何发展，我们要反对的、要改进的、要革新的，永远是过时的、陈腐的、糟粕的‘礼’的具体内容，而‘齐之以礼’的本义、原则和隐喻，却是我们这个民族需要砥砺坚持、需要世代传承的文化机理啊！”

暮色弥漫之中，柳江古镇显出一种特别之美，沉浸在此，你能感受到的，是沉静祥和、安定质朴的味道。姑奶奶的古屋，缓缓响起织锦的声音，不知这广袤大地，有多少这样朴素得难唤其名的奶奶，而正是这些奶奶们的存在，让我们隐隐感受着“德”的魅力和文化传承的力量。

24

划筏葬诗

从柳江古镇回到京城，已近七月，夏初清和夜，敞窗纳微凉，农耘不觉热，唯惜夏日长。云非云已基本康复，除上下坡偶尔需要搀扶，多数时候已能独自行走，开始信步在庭院栽花除草。小妖从柳江学得几样拿手的菜，糅合了自己的创意，变换着让人意想不到的品样，弄得大家垂涎朵颐、欲罢不能，每个人心情恍若隔世，一如这初夏的流水行云，清新而舒畅。

不日，收到俊懿清华美院博物馆玉雕展览的邀请，这是近年来俊懿作品在京城的首次展出，表达的主题乃‘乡韵’，只是展览为何放在清华美院，纳闷了止若。

止若问纳兰：“俊懿在玉雕界早已名声鹊起，为何不选首都博物馆这样的场所，却偏偏放在这几乎不为人知的地方呢?”

纳兰君淡淡一笑：“你觉得俊懿还缺什么?”

“好像什么都不缺啊!”

“是啊，多数人眼里，早已成名的雕刻大师自然什么也不缺，只是在俊懿心中，恐怕离他想达成的造化依然遥不可及。行事低调打不了雅致奢华的折，却恰恰彰显出低调奢华的睿智，只是不知俊懿这次的作品该如何让人惊艳？”

清华美院的前身是中央工艺美院，美院的博物馆藏于清华校园东北的僻静角落，在博物馆林立的京城，若邻家少女般养在深闺人问未知，淡妆素颜之下，藏纳着稀世的竹简、瓷器、锦绣及清华大师们的手札。俊懿的玉雕展在博物馆的一层，没有刻意宣传，来的人不多，人群中难得见到了李忆心、司马暮迟和默西。

见云非云和小妖挽臂而行，默西十分惊诧，过来一把抓住云非云："云兄，你全部康复了？真好，见到你这样真好！"

李忆心、司马暮迟围过来时，小妖已悄然躲于止若身旁，云非云被大家围在中心，询问着、上下打量着，仿佛一件稀世之作，自己忍不住扑哧笑了出来，悄声说："拜托，各位不要瞧我了，先看俊懿的展览吧，我们回头再聊嘛。"大家彼此笑着散了去。

俊懿的'乡韵'同样惊诧了大家，这世上还从没有谁能以玉雕的形式，如此淋漓尽致地展现出家乡的乡音、乡情、乡思、乡愁的人文风韵，玉雕的艺术和乡间的生活，如此无隙的彼此融合，如此完美地相互成就，大家眼中哪里还有什么玉雕作品，仿佛就徜徉在了这世外之桃源。

接待室里，俊懿一身中式服装，微笑着同大家一一热切拥抱，引大家彼此落座，泡出一壶新鲜的绿茶，开始细谈起创作的心路历程。

"其实有很长一段时间，我一直处于迷茫之中，现状的自己，艺术之路该如何走？我不断叩问内心，因为我感觉自己似乎正进化为一个商人、一个社会活动家，而这恰恰与内心相违背。如果没有感动自己的作品，艺术生命必然走向枯萎。所以我每天都来问自己：艺术家应拿什么来说话？"

说到这里俊懿咂口茶，轻问："你们说，艺术家应拿什么来说话？"大家均未接腔。

俊懿接着说：“艺术家当然要以作品和作品的艺术来说话，什么大师称号、什么国际奖项，能代表什么？一切皆为过眼云烟，遗留的唯有作品，永恒的唯有艺术。米开朗基罗，我们心中神一样的符号，舍弃了一切虚华，从《酒神巴库斯》《哀悼基督》到《大卫》《创世纪》，从《摩西》《被缚的奴隶》到《昼》《夜》《晨》《暮》，从六十余岁在罗马西斯廷教堂创作《最后的审判》，到近九十岁逝世于自己的工作室，创作是生命存在的形式，作品使灵魂得以成长，而艺术成就了其美丽而传奇的神话。”

俊懿暂停了一下，缓缓地说：“在神的面前，我们不由自主地拒绝平凡。于是我开始剥离自己、沉静自己，将自己放逐于家乡的山水村舍，沉浸于春耕秋收的田间地头，最终触摸了延续几千年的最朴素的人文肌理，这就是你们看到的‘乡韵’。”说到这里，俊懿眼中闪现出少有的神采，眉毛一挑：“今后你们会看到更多的、出乎你们想象的作品，而这些，才是我最本质、最奢华的生命呈现。”

大家纷纷端茶与俊懿碰杯言贺，司马暮迟说：“俊懿老师不仅妙语精言，本身也是一个标杆啊。默西，我们是做企业的，你觉得企业家应以什么来说话?”

“这个问题我还真深入思考过，同俊懿老师的观点颇有异曲同工之妙。”默西淡淡一笑，说：“企业家当然要以产品与服务的比较优势来说话，说得再明确点儿，就是要以最低的成本，为社会提供最优质的产品和服务。什么专利啊，奖项啊，代表不了什么，真正说明问题的是赢得市场！所以对于企业家，赢得市场是成就神话的唯一方式。”

回程的路上，大家思绪似乎仍然沉浸在俊懿与默西的言谈中，纳兰君漫不经心开着车，问仍在沉思的云非云：“云兄，你向来是站在世局最广的视角来思考问题，那么你觉得，一个政治家应拿什么来说话呢?”

云非云笑道：“政治家当然要以思想和思想的实践来说话，只是这个思想是引领社会发展的思想，而不是禁锢人们思想的思想，这个实践是通向昌盛文明的实践，而不是作贱作死的实践。所以一个真正伟大的政治家，既要善于集中民众的智慧，来理清引领实践的思想；又要善于聚集民众的力量，去践行指导实践的思想。我们虽然不是政治家，不具有左右时代的权力，但可以奉献自己的智慧，来丰富引领时代的思想。一个伟大的时代，必然会催生伟大的人物，而一位伟大的人物，必然是汲取了时代最活跃、最睿智的思想，并在思想的实践中脱颖而出的。正所谓：‘洒脱自有真情在，不以小节做文章。庶民有义留青史，烹鲜无术枉帝王。’”

“看来云兄虽然身不由已，可思想却如鹤舞云庭，一直没闲着啊。”

“这一段时期在云舍理了些东西出来，比如《时间的背后》《以正何以治国》《以商何以富民》《当机则妙》等等，找时间还请君兄多多指教哟。”

两人谦虚客套之间，小妖在后排悄悄问止若：“那我们普通人呢？我们普通人拿什么来说话？”

止若眨眨眼：“梦想啊，普通人拿梦想和成就梦想来说话，生活不论如何困顿，有梦想就有希望，有希望就有勇气，而成就梦想就是我们人生的意义。”

小妖撇撇嘴：“这么说，什么艺术家、企业家、政治家，都是拿梦想来说话呀，他们都生活在梦想中啊。”

止若‘咯咯’笑起来，有些乐不可支：“恭喜你答对了！什么这个家那个家的，当然也都是普通人啊，当然都生活在梦想中啊。”随后话音一转，问小妖：“你也有梦想吧？你的梦是什么？”

小妖微思，眼中闪过一丝暖意，笑而未答。

转眼已至仲夏，雨水随季而至。周六是小妖的生日，倾雨如注，雨雾若纱，阿不阿可清晨就到了云舍，止若亲自下厨做了一桌丰盛的菜，大家围着蛋糕哼着歌看小妖吹蜡许愿。纳兰君和止若送的礼物是一条雪白的连衣裙，小妖穿在身上似穿了水晶鞋般的美丽。阿不阿可送了粉红的丝巾和一串佛珠，席间还专门为小妖排跳了自创的禅舞《天鹅之夏》。

云非云起的很早，整理了书房、客厅，又修剪了院里院外的花草绿植。非云向来是自由随意不受拘束的，如此刻意修饰环境，实则是有心要装扮这特殊的日子。只是饭桌上非云什么也没提，在帮小妖切分蛋糕时，说饭后大家一起到书房喝茶，自己的心意就在那里。

书房里，阿可帮着铺展了宣纸，云非云屏心静气，提笔写了一首诗——《你是妖，我是囚》：

葱郁　有音吗
惊鸿　有形吗
谁言你的心
宛若云的影

这就是你我的异迥
我苍如老酒
糙似枯松
守望的那份冷漠
凝成化不开的蛹

你眸的深处
闪烁的爱怜柔情
那么随意　那么自然地掸去
我沧桑之后的忧伤积垢
亦然如你指儿抚弄的弦
划过的一曲儿轻音——

释尽我的清愁

风的滞留是一个迷

而你我的眼中只有彩虹

雨　遁去斑驳的蒙尘

天际清晰的那抹儿霞

浑然　成我们向往的风景

你是谁的妖　我是谁的囚

囚了谁的心　溶了谁的情

直至暮色褪去光泽

慢慢吞没你我的身影

穹宇无垠　天籁寂静

惊鸿了无痕

葱郁悄无声

云非云的行楷，沾着献之的飘逸，洒着米芾的神隽，写完轻吹了浮墨，放一把钥匙在纸上，躬身冲小妖做了一个‘请’的姿式。

纳兰君由衷赞赏：“这是云兄最美最具才情的诗了。”

小妖以手蒙面，喜极而泣：“这是我最喜爱的礼物。”

止若眼眶一热，心中默默祝福：“愿天下有情人皆成眷属，愿天下眷顾人皆因情爱。”

倾盆一样的雨接连下了一夜，“哗啦哗啦”声让人心发毛。止若悄悄对纳兰嘀咕：这样的天该不会出什么事吧？纳兰君闭目轻言：上天若要编排什么，谁又能躲得掉呢！

翌日雨消天晴，空气清澈得似乎从未存在过，云儿低垂，如此亲近大地，仿佛一夜生命都重新来过。

农庄的老冯打来电话，说一天一宿的雨淋塌了西墙的储物间，里面不少的东西受损，不知该如何处理。纳兰君和止若匆忙驱车赶往农庄，阿不阿可在云舍帮着整修院外被雨水冲泡的路基。

夜幕降临之时，纳兰君、止若同老冯夫妇吃着晚饭，商议着下一步房屋修缮之事，阿不阿可突然打电话来，哭泣着说云非云和小妖出事了！

纳兰君和止若赶到云舍已经黑天，云舍聚集着一群很少露面的村镇干部，大家脸色凝重，默不吱声。原来，黄昏时小妖同云非云在拒马河边散心赏景，不想上游水库突然放水，小妖和云非云猝不及防被洪流席卷而去，村镇得到消息，汇集了人力沿河寻找，现今只觅得云非云一只凉鞋。

纳兰君的心一下绞疼起来，止若一把抓住阿不的胳膊："小妖呢？小妖找到了吗？"

阿不尚未开口，村里的一位干部说："前前后后找了一圈，现在是活不见人死不见尸，恐怕是凶多吉少了。"止若声嘶力竭近乎失态："什么死不见尸，全是胡说，他们不会死的！"说完兀自哭了起来。

纳兰君问阿不为什么不早点打电话，阿不没敢看纳兰君的眼睛，低头说开始以为小妖和云非云只是走远了点，后来村里汇集了人一直寻到下游水库，没见任何踪影，才意识到问题的严重，如果他们回来了就不打电话给你们，省得你们着急。

接着的几天，纳兰君止若疯了一样，带着阿不阿可沿着河边一角一落地查寻，向岸边一家一户去询问，最后仍然是音信皆无，云非云和小妖就这样了无音影。镇里说会继续安排人寻找，只是这样的事往年也有发生，若一周内找不到，基本就再无生还的可能。止若伤心欲绝，哭肿了眼睛，加上连日劳累，回到云舍竟昏厥过去，纳兰君不得不开车回城。

几个月过去，镇里再不续议找寻的事，现实淹没了往事，往事凝成了历史，而生活就这样把历史一页一页无情地掀去。而这一切，对于纳兰君和止若，却是无论如何无法掀去的！

纳兰君无法劝慰止若，因为纳兰一样不能劝慰自己，甚至不能原谅自己。如果不回农场，如果呆在云舍，如果先提醒了小妖，如果早点去寻找……纳兰君用一系列的如果来敲打自己、拷问自己、折磨自己。

这世上可有一些事，可以原谅自己吗？

这世上可以有些事，使自己无法原谅自己。现实可以淹没往事，往事却从未逝去；生活可以掀去历史，历史却永存于记忆。

就这样又到了小妖的生日，这一天没有风没有雨，山依旧，水依旧，云舍依旧，纳兰君和止若依旧备了生日的礼物，燃香添酒，一夜无语。

就这样到了云非云和小妖的祭日，空气依旧清澈，云儿依旧低垂，生命可否依旧一夜重新来过？

纳兰君跪在核桃树下，青石旁，洒酒入土，泪如雨下：“非云兄，之前是我听你的诗，今天我给你读我的诗，师弟不才，你多担当啊！”

“一首七绝送你，你应认得回家的路。”

晨霜没足寒心路，
落霞隐山身影孤。
借问何处可寄语？
奈何桥下且踌躇！

纳兰君至此，已是哽咽难言，泪顺颊走：“非云兄，一首《蝶恋花·云影》送你，但愿天堂飘逸的也是云影！”

才情盈天非云处，画点江山，身影几人树？但凡云欲提笔起，滴滴佳言惹人顾。

云幻玉颜花亦妒，风摧云散，坠落雨无数！重重泪眼唯云影，丝丝莲心知何苦！

纳兰君站起身，将酒洒于整个庭院，边向书房走着，边轻言细语：

“非云兄，昨夜梦中醒来，山林似乎回响，那可是你的徘徊？这首《那一定是你》且念与你听！”

那一定是你的足音
毫不掩饰
却踏雪无痕
整个森林
都在感受着你的到来
那么自然
那么沉稳

那一定是你的低吟
质真若渝
乃希声大音
整个山谷
都在逶迤着
你的旋律
那么厚重
那么迷人

书房里，纳兰君新磨了墨，铺展了台案，尚未提笔，泪水早已打湿纸面。

“小妖，我该拿什么来送你？我不知道，不知道如何来释怀，一首《沉香》且诉与你听！”

山花漫漫香满路
伊人款款循香来
影消花落暗香去
谁言香陨为沉香

“小妖，我该如何来表达？我不知道，我不知道该如何忏悔，只能化作《祭妹泣语》，说与你听！”

日暮枝上蝉鸣
夜来雨声惊梦
如眉月下摇羽扇
任由丝丝松风
小妖，这就是你以一生
想要我们感怀的吗
让幸，福在点滴
让爱，情于无形

檐下碎步声声
庭院笑语盈盈
妆台镜前若剪影
奈何栩栩如生
小妖，这就是你以一世
想要我们知诺的吗
让梦，想于春宵
让悲，凉作晚秋

这一夜，我听了无数梵音
这一日，我转过所有经轮
这一路，我叩头长抱尘埃
这一刻，我痛泣以泪涤心

小妖，这就是你用一切

想要我们感知的吗

让生，活为艺术

让死，亡作永恒

止若却让村里的人找来一截竹筏，舍前入水，缓缓而下。

止若一袭白衣立于筏上，采来的房前舍后未名的小小野花，随手散于河面，没入水中。

“小妖，你不是想要一首苏轼的《江城子》吗？姐姐今天就画与你看，你的魂若在水中，自能感知啊。”

止若手执长荆，泪水如珠而落，在水面轻写着《江城子·追梦》：

一朝偶遇两不忘，言未启，心已往。了无追梦，遂行亦随想。人生有幸能眷顾，亲可待，情绵长。

若兰年华忽消亡，泪朦眼，欲断肠。思绪难却，丝丝凝凄凉。恍惚河边忆旧影，云舍寂，拒马凉。

画完《追梦》，止若早已泣不成声，扔掉荆条，任泪水肆意流淌。

止若依偎于竹筏，仰天而泣，喃喃低语：“小妖，你不是想要一首《蝶恋花》吗？姐姐今天就念予你听，你的魂若游在空中，自可冥知啊。”

止若说着，轻闭双眼，低吟着《蝶恋花·伤春》：

苞开吐蕊嫩芽皎，蛙跳暗处，檐下幽幽草。夜来骤雨疾风扫，旦夕祸福谁可逃？

拒马潺潺舍前绕，鱼戏浅影，舍内鸟未闹。谁言醒春时光好，唯恨春醒心伤早！

“小妖，姐姐知道，知道你最喜欢的诗一定是《无以回报》、一定是《你是妖，我是囚》，姐姐都给你带来了。”

止若说着，拿出用云非云的诗篇糊裱好的河灯，放在水面，看其顺流而去，自己已昏于筏上。

纳兰君在下游找到止若，两人泪眼相对，眼中除却怜影，满目悲伤。

25

书的含义

纳兰君和止若料理了京城的一切，在彩云之南，抚仙湖畔，太阳山上，寻了一处幽静的山谷隐居了起来。华仔和雀儿来到这山水相依的原野，显得异常兴奋。华仔低头将谷内谷外各个隐秘角落巡视了一遍，不时洒下尿液蹭出气味，警告了周边的土狼、猪獾，标示着自己的领地神圣而不可侵犯。雀儿，飞越了周边的山岭，在茂密而高耸的林间觅得几处合适的站点，又掠过澄清的湖面，欣赏着弄出的碎碎剪影。

这恰恰是止若一直求而不得的，远离了尘世喧嚣，和心爱的人守于一隅，看一处一处的花开，听雀儿梁间呢喃，任世局如何的星移斗转，也淡然把握在了方寸之间。

京城的农场和一渡的云舍交给了阿不来打理，同时交给阿不的，还有纳兰君已然完成的两本书。

“师兄，不是说是一本书吗？怎么又成两本了？”阿不翻着书禁不住问。

“是啊，原本是一本，五十章节，只是在编排中又觉得不妥，于是改成了上下卷，这看似是本小说，却又不仅仅是本小说。有句话说得好‘此两者同出而异名，同谓之玄，玄之又玄，众妙之门。’若能入心入脑，自可体会‘众妙之门’的含义。”

“请师兄明示。”

“这上卷《世局机杼（上）一把秘匙》，共二十五章，从《同欲则上》《走为上》《小妖祭蛇》《止若观荷》《小梅逝去》《二舅的道场》《世局机杼》《纳兰君格竹》到《谁是最屌的人》，从《女容何以为悦已》《你的愁是什么》《孔子陶园》《溇港圩田》《一把秘匙》《以奇用兵之游刃有余》《以无事取天下之纵横天下》《墨之守之守正补缺》《慧灭慧生》《缘觉皈依》《自由的去向》《平等的来源》《民主是条什么路》《礼是法的“奶奶”》《划筏葬诗》一路而来，到这最后一章《书的含义》，展开了现实的半卷世局于世人，若能参透悟通心领神会，自可把握世局运脉，指画江山，信手人生，只是看透几何、领悟几层全在个人的造化。”

“而这下卷《世局机杼之信仰的力量》，同样二十五章，从《有资本才可接招》《老子眼中的道德经》《周易的窗口》《离坚白的马》《孤虚相支》《遁甲于奇门》《时间的背后》《相对论的尺子》《纵横捭阖》《禅之无令断绝》《农家之时》《经济自己走?》《长生当何时?》，到《以正何以治国?》《以商何以富民?》《慧体法门》《儒就是人文》《人文就是本质》《慧入慧行》《春秋何以大义?》《止若的疑问》《当机则妙》《乾坤自定》《葬一段情禅为谁?》缓缓而来，到最后一章《信仰的力量》，将未来的半卷世局展于世人，若能悟懂理通明了于心，自可游离了自我，往来于历史与未世，只是这下册凝含了太多云非云的心血，所谓天机不可尽现，或许云非云和小妖的了无踪迹就源于此。”

纳兰君说到这里脸色黯淡，悲情泛起，声音也低沉下来：“一年多来我整理了云非云全部的书稿，加上自己之前的劳作，总算完成了这两本书，过两天我和止若要到湖州去了却一件小妖和云非云的心愿，估计要小一个月的时间，这两本书你细细研读，等我回来听听你的感受，到时还有事情交付于你。”阿不低首应诺。

一个月的时间转瞬即逝，纳兰君和止若回到京城农庄，收拾着要带走的最后一批书籍和物件，阿可下厨做了几样可口的菜，席间阿不和老冯陪着稍喝了点儿酒，大家没有过多的言语，空气中流淌的也是恋恋不舍的情怀。

夜深人静之时，纳兰君和阿不在竹林边默默喝茶，月色使周遭的一切如此朦胧静谧，阿不说：“师兄，我认真读了这两本书，似乎一下顿悟了许多，似乎又仍然不明就里。”

纳兰君静静地问：“说来听听？”

“上卷基本尚能明了，只是下卷依然无可把握，还请师兄明示。”

“哦，那今天我就顺便给捋捋下卷，先说说《老子眼中的道德经》这篇吧。我们平日所读到的，有关《道德经》的注解是王弼及后人的诠释，若能听老子本人来讲讲，那么对《道德经》的理解，可能就是最客观最准确的了。基于此，云非云试着站在老子的角度，对《道德经》进行了重新的解读，认为《道德经》是一篇地道的方法论，揭示了这个世界其实是由‘看得到的现象及看不到的本质或规律组成的’，而这个‘现象和本质或规律’都是可以被我们所认识的。对现象的认识可以称为‘知识’，对本质或规律的认识可以称为‘真理’。而人类社会本身，同样存在着本质或规律性的东西，比如如何治国、如何用兵、如何富民、如何引领天下、如何避祸、如何养生等等，而只有掌握并把握了其中的本质和规律，才能在这些方面走向正确的方向，达到想达成的效果。而这些智慧与方法论，不仅是我们民族文化的思想精髓，同样也适用于其他异域文明，是具有普遍意义的价值观和方法论。”

“云非云把《道德经》重新进行了梳理，重新编排了章节，比如原来的第一段梳理后并不在第一章，其‘道可道，非常道。名可名，非常名。’

是这样被重新解读的：‘说法，可以表述的说法，是根据事物的不同而不断变化的。概念，可以定义的概念，同样随着事物的发展而不断变化。”‘无名，天地之始。有名，万物之母’的意义是这样的：‘在最开始的时候，我们不知道如何给出说法，不知道如何来下定义，所以我们无法认识这个世界。当我们知道如何来给事物下定义时，我们就能够认识世界的一切了。’而‘此两者同出而异名，同谓之玄，玄之又玄，众妙之门’表达的是这个意思：‘道和名，即给说法和下定义，虽然是不同的表达方式，表达的意思却是一样的。如果都叫做玄的话，道、名、玄就是同一个东西，那么玄之又玄，就是指给说法的方法或者下定义的方法，而这个方法，就是我们认识一切事物的总钥匙。’”

“师兄，听您这么一讲，我似乎有些开窍了，若自己光看文字，确实是难以理解。”

“是啊，若知识的总量不够、思想深度和哲学高度不够，能认识文字，却未必能读懂文字的含义啊。比如《时间的背后》这一章，又是最难理解的。我们知道，通过 GPS 可以定位任何东西的准确方位和地点，这是因为我们以下定义的方法，人为地设定了经度和纬度。最早做这个事情的，是公元前三百多年古希腊的地理学家尼尔库斯，他随亚历山大大帝东征，发现沿着由西向东的路线，无论是季节变换还是日照长短都很相仿，于是他第一次在地球上划出了一条纬线，从直布罗陀海峡，沿着托鲁斯和喜马拉雅山脉直到太平洋。后来，亚历山大城图书馆的馆长埃拉托斯特尼，计算出地球的周长，并画了一张有 7 条经线和 6 条纬线的世界地图。直到公元 120 年，同样是亚历山大城图书馆的克罗狄斯・托勒密，综合前人的研究成果，提出了在地图上绘制经纬度线网的概念，他设法把经纬线绘成简单的扇形，从而绘制出著名的“托勒密地图”。两千多年来，随着理论的完善和科技手段的进步，我们对空间的认识已相当充分，通过经纬线，可以准确自如地追踪和确定空间的任何一点。”

“而对于时间，我们却一直未能突破，其中重要的一面，就是我们目前尚不能为感受到的时间，设定另一个与之垂直相交的轴。如果可以设定的话，那么过去、现在、未来的任何一个时间点我们都是可以捕捉和把握的，那么我们就有了到达过去、现在和未来的任何一个时间点的基础和可能。而那个轴就隐藏在时间的背后，云非云通过《时间的背后》，告诉了我们如何设定时间的另一个轴，及运用两轴相交，如何去定义和捕捉任何一个时间点的方法，这如同打开了通往另外两个世界的大门，而现在我们看到的世界，将彻底变得不可思议。”

“这太不可思议了，听起来有点玄之又玄，好像离我们很遥远的事。”

“无法理解自然是遥不可及，明了了，自能触手可摸。好了，不说这个了，说说那篇你能理解的《以正何以治国》吧。我们知道，当今地球上约有近 200 个国家和地区，其中发达国家约占四分之一，最不发达国家约占四分之一，发展中国家约占二分之一，所有国家追求的目标其实都是一样的，那就是更加自由、更加平等、更加民主、更加繁荣富强，这也是整个人类所追求的发展方向。然而自二战结束七十余年过去了，贫困的国家依旧贫困；发达国家依旧是二战前就已发达过的国家，而现今多数又徘徊不前；发展中国家能越过‘中等收入陷阱’步入发达国家行列的，更是寥寥无几，为什么会这样？发达国家能否持续发达？发展中国家能否脱颖而出？贫困国家能否走向繁荣？当然可以！”

纳兰君稍停了下，说：“老子在两千多年前就说过，要‘以正治国，以奇用兵，以无事取天下’，一个国家能否长治久安，关键就在于能否真正而持续地做到‘以正治国’。改革开放后的短短三十年，我们就发展成经济繁荣的巨人。而当代的核心领导人，更汲取了所有经验和教训，从‘祛毒清淤’、‘固干削枝’到‘长袖善舞’、‘传带有虞’，正演绎着‘以正何以治国’引领着整个民族和平崛起、走向伟大的复兴。这不仅为世界各国的发展树立了一个正向的榜样，其内在的本质性的思想精髓，更是中华文明奉献给人类的智慧，不但是人类共同的财富，也是引领人类发展的根本性的具有普遍意义的价值。”

“我也知道‘以正治国’这句话，其中什么含义却是一头雾水，更不知道如何才能做到‘以正治国’。”阿不接话说。

“是啊，我们都知道要‘以正治国’，那么如何才能做到呢？云非云在《以正何以治国》这个章节，将其中的本质及规律剥离出来，凝结为五个方面，处处彰显着我们民族文化的自信与智慧。其中第一条是这样表述的：‘令行禁止，王之始也’，‘受国之垢，是谓社稷主；受国不祥，是为天下王。’”

“什么意思呢？‘令行禁止，王之始也’出自《逸周书·文传》，据说是周文王临终前留给武王的遗言，只是后人没有悟透这句话的本质含义。其含义有两层，是说‘令行禁止，从王开始做起，你想达成的王业才能够真正开始。’用十八大以来的话说就是‘从中央政治局做起，要求别人做到的自己先要做到，要求别人不做的自己坚决不做。’每一个层级如果都是这样，以上率下，一级带着一级干，一级做给一级看，则‘王之始也’。”

“而‘受国之垢，是谓社稷主；受国不祥，是为天下王’出自《道德经》，后面还跟着半句话是‘正言若反’。其中的本义是指‘既然成为了领袖，就要承担因岗位而来的责任和磨难；既然成为了王，就要承担因失责而来的刑罚与灾难’。不论谁来做领袖、做王，都要做到‘令行禁止，从王开始做起’，如若失责，就要‘受国之垢、受国不祥’，只有建立起这样的规章制度与长效机制，‘以正治国’的第一条才能真正得以实现。而如果‘以正治国’的五个方面都能得以实现，国家何愁不能长治久安！”

“师兄您说得太好了，这下卷竟有如此多的玄机，真的是本天书啊！而在上卷中，又蕴含了诸多的诗歌，让我对诗歌也有了更深的理解。”

“哦，那你说说对诗的理解？”

“说不好，但感觉诗歌应该是我们厚重国学的重要组成，比其他形式的表达更让人体味到美感。”

“不错，未深读《诗经》，却说自己懂国学，无异于痴人说梦。诗的本义，即以‘赋比兴’种种手法来抒发情感、陈述事理，使语言和意境呈现出动人的美感。只是，若要创作出千古绝唱的作品，那也是需要天分的。”

“师兄，和您在一起，天分也会陡升的。”

“好了，不用恭维我了，我问你，下卷中《以商何以富民》这一章，你看懂了多少？”

“我感觉看懂了多半。”

“哦，不容易，这可是云非云经济思想最精华的部分。俗话说兵有兵策，商有商道，我们知道各领域各有自身的本质和规律，只要掌握了其中的核心要义，自然能够游刃有余。历史上最早悟通商之内核的，就是被后人尊为‘商圣’的范蠡。范蠡出身贫贱，博学多才，为楚学开拓者之一，与楚宛令文种一起辅佐越国勾践，灭掉吴国，成就了春秋最后一方霸业。功成名就后，范急流勇退，化名鸱夷子皮、陶朱公，游于齐吴等地，‘知斗则修备，时用则知物，二者形则万货之情可得而观已’，操计然之术以治产，三次经商成为巨富，富好行其德，又三次散尽全部家财，乃我国儒商之鼻祖，被民间奉为财神。”

“云非云厘清了管仲、计然的经济思想，透析了范蠡的经商之道，又糅合当代经济运行的特点，提炼出以商富民的核心，无论谁，只要能够彻底悟通其中要义，积下巨额财富，实现物质自由，易如探囊取物。”

说到这里，纳兰君笑眯眯盯着阿不：“‘以商何以富民’这一章，你既然已经明了了大半，那师兄就考考你，你可否运用所悟之理，以身边事物为法缘，积出一笔亿万之款？”

“师兄这也太难了，怎么可能？”

“哦，看来你对‘以商何以富民’这一章并没有理解透彻，否则，这件事你自会觉得如此的易如反掌，分分钟的事罢了。这样吧，既然是考你，也算咱俩的一个约定，等你琢磨出来，可以去太阳山找我，那时我自会满足你一个心愿。”

阿不琢磨着，尚在沉思，纳兰君淡淡地说：“好了，夜已深，今天就到此吧。过两日，我和止若就要离开京城，从此与这里的一切，与这两本书也再无半点关系。交给你的任务，就是以你的名字，将上卷《世局机杼之一把秘匙》出版了吧。而下卷，《世局机杼之信仰的力量》，明天上午当我的面烧掉吧。”

“师兄，为什么呀？为什么要用我的名字来出版？为什么又要把下卷烧掉？”

“一个伟大的人站在世局的最高视角，讲过这么一句话：‘我们比历史上任何时期都更接近中华民族伟大复兴的目标，比历史上任何时期都更有信心、有能力实现这个目标。’毋庸置疑，一个伟大时代的到来已成必然。在未来三十年、甚至二十年的时间，我国的经济总量成为世界第一是可以看到的，然而一个民族的伟大复兴，仅靠经济的腾飞是不足以支撑的。更为重要的，还需在科技的诸多领域突破新的高度来引领行业的发展方向。而最为核心的，还要在思想文化方面融合所有先进的元素来引领人类的发展方向。唯此，才能赢得所有异域文明心悦诚服的追随！这个责任已经落在了我们这一代人的肩上，但可能需要几代人不懈的努力和探索，才能真正‘点石成金’。”纳兰君平静地叙述着，双目炯炯有神。

“‘路漫漫其修远兮，吾将上下而求索’，云非云和我，虽然是最先清醒看到并潜心实践的一批人之一，但我们毕竟才疏学浅，若能发挥警醒启迪、抛砖引玉的作用，也不枉了这番心血。所谓‘上善若水，水善利万物而不争，处众人之所恶，故几于道’，这也是冥冥的归宿。上册出版，自然会引发同道中人或多或少的兴致，引得更多的思索和探讨，而烧掉下册，自然也会有人以这样或那样的方式再续出来，这样就打开了一扇门，江山代有才人出，是真理自然会流传下去，历史本身就是面照妖镜，时光会验出一切虚谬和真身，其中含义，你慢慢理解吧。”

只是，时间的背后真有一个轴吗？地球的表面从来没有所谓的经线与纬线，都是人们想象出来的而已。

仲夏的一个傍晚，抚仙湖畔半山的一处凉亭，纳兰君和子晢在对弈，正处胶着状。子晢笑说：“白中有黑，黑中有白，方为棋局啊。”纳兰君手持一子，望着波澜不惊的抚仙湖，静静地说：“所谓‘阴在阳之内，不在阳之对’。此消彼长，此长彼消，否极而泰来。何以讲‘当机则妙’，乃因‘长袖善舞’之时，亦是‘传带有虞’之机，是‘以正治国’最为紧要的一环，历史的窗口一旦失去就很难再来，这考验着当局者的政治智慧啊。从我们的文明来看，自尧舜禅让，到权力在家族内部的传承，到通过抢夺杀戮使权力在家族之间转换，再到近代来的共和‘民授’，如何‘平稳’地将权力次次都能移交给最有智慧、德性最高的人，至今冥冥，冰面虽破，尚无恒机啊，而恰恰是有了这样的机制与制度保证，国家才能长治而久安啊！”说完，按下一子。子晢笑着亦下一子，说：“此子落下，天下方可乾坤自定，国家之幸、民族之幸矣！”

凉亭的另一处，止若手捧一本《世局机杼（上）之一把秘匙》，正读着其中的章节《划筏葬诗》，华仔趴在脚下，努力将肚皮贴于地面，吐着舌头，警视着周边的一切。雀儿立于亭沿，收拢了一只翅膀，瞄着止若手中纸上的文字。止若读到《祭妹泣语》的最后两句："让生，活为艺术/让死，亡作永恒。"山谷的风停止了吹动，虫儿不再轻鸣，华仔闭上双眼，雀儿扭头只为忘却的聆听。